혼자인
내가
혼자인
너에게

혼자인 내가 혼자인 너에게

초판 1쇄 발행 2012년 11월 1일
초판 13쇄 발행 2017년 6월 1일

지은이 성수선

펴낸이 손은주 편집주간 이선화 마케팅 권순민 경영자문 권미숙
디자인 [★]규 본문판화 이준규

주소 서울시 마포구 공덕동 404 풍림빌딩 424
문의전화 070-8835-1021(편집) 주문전화 02-394-1027(마케팅)
팩스 02-394-1023
이메일 bookaltus@hanmail.net

발행처 (주) 도서출판 알투스
출판신고 2011년 10월 19일 제25100-2011-300호

ⓒ 성수선 2012
ISBN 978-89-968088-3-1 03810

※ 책값은 뒤표지에 있습니다.
※ 잘못된 책은 구입하신 곳에서 바꾸어드립니다.

밑줄 긋는 여자의 토닥토닥 에세이

혼자인 내가
혼자인 너에게

성수선 지음

알투스

나는 혼자다.
당신도 혼자다.

연인이 있어도 혼자고,
연인이 없어도 혼자다.

결혼을 했어도 혼자고,
결혼을 안 했어도 혼자다.

다만, 소설을 읽는 혼자는
소설을 읽지 않는 혼자와는 다르다.

당신은 소설 읽는 혼자이길.

프롤로그

서른세 편의 소설 속에서
나의 이야기와
당신의 이야기를 찾다

나는 외로움에 취약하다. 이 살벌하고 달콤한 도시에서 이리저리 부대끼고 끊임없이 일희일비하며, 아등바등 악을 쓰며 밥을 버는 와중에도 바람에 나부끼는 나뭇잎처럼 외로움에 들썩거렸다. 그래서 거의 모든 종류의 다이어트를 시도해보듯이 외로움을 피하기 위해 여러 가지 시도를 했다. 폭식을 하기도 했고, 운동중독에 빠질 만큼 격하게 운동을 하기도 했다. 때로는 마음도 가지 않는 남자와 공허한 연애를 하기도 했으며, 도망가듯이 훌쩍 여행을 떠나기도 했다. 결국엔 일에 미쳐 워커홀릭 진단을 받기도 했다.

우리는 누구나 혼자다. 애인이 있든, 결혼을 했든, 수많은 사람과 연결되어 있든…… 어쩔 수 없이. 인간은 척추동물이다, 같은 부인할 수 없는 명제처럼, 혼자다. 하지만 정신없이 바쁘고 분주해서 모르고 살고, 어떨 때는 거듭되는 신나는 일들에 너무 즐거워서 못 느끼고 살고, 또 어떨 때는 외로움이 사치로 느껴질 만큼 삶에 쫓겨서 생각을 못하고 산다. 그러다가…… 어느 날 문득, 나만 혼자인 것 같다. 그때마다 혼자라서 외로운 거라며 혼자인 나를 자책했다.

나는 도심 한복판의 오피스텔에 산다. 매일 저녁 텅 빈 그 공간의 문을 혼자 열고 들어간다. 〈개콘〉을 보면서 웃겨 죽겠는데 같이 웃을 사람이 없다. 아직도 타인의 삶과 행복을 기웃거리는 성냥팔이 소녀 같다. 하지만…… 그 텅 빈 혼자만의 시간을 나만의 시간으로 채워나가는 법을 새롭게 시도하기 시작했다. 그러면서 '혼자인 나'를 보듬어안는 법을 조금씩 알게 되었다.

나를 있는 그대로 사랑해주지 않는 이들을 원망하지 않고, 나의 가능성을 몰라주는 그들에게 서운해하지 않고, 외로움에 나의 시간과 감정을 사로잡히지 않는 법을 익혀나가고 있다. 혼자 있다는 건 외롭고 쓸쓸한 일이 아니라는 걸, 오래전에 익힌 외국어를 다시 배우듯 조금씩 터득해나가고 있다. 소설을 읽으면서, 잡문을 쓰면서.

왠지 헛헛한 퇴근길 외롭지만 누군가와 함께하긴 싫을 때, 피곤해도 그냥 잠자리에 들기엔 뭔가 억울할 때, 나는 좋아하는 소설가들을 나의 좁은 오피스텔로 초대한다. 카프카, 레이먼드 카버, 하루키, 김승옥, 성석제, 김중혁, 이기호…….

지나친 강박으로 스스로를 몰아치며 자책하고 있을 때, 김중혁은 내게 모든 존재의 목표는 그냥 존재하는 것이지 훌륭하게 존재할 필요는 없다고 속삭여줬다. 분노로 미쳐버릴 것 같을 때, 김승옥은 모든 울분을 갖다버릴 수 있는 낯선 도시로 나를 안내했다. 지나간 일에 대한 후회로 머리를 쥐어뜯으며 전전긍긍하고 있을 때, 이기호는 '인생은 언제나 뒷북'이라는 겸허하고 유쾌한 깨달음을 줬다. 그리고 하루키는 모든 인간은 태생적으로 고독한 존재라는 것을 수많은 작품을 통해 깨우쳐줬다.

지구를 한 바퀴쯤 돌아야 모두 만날 수 있는, 아니 이제는 만날 수도 없는 수많은 소설가가 혼자인 나의 시간을 새롭게 채워주었다. 그리고 소설을 사랑하는 만년 문청(문학청년)인 나의 지친 어깨를 두드려주었다. 토닥토닥.

이 책에 실린 서른세 편의 이야기에는, 외로움에 맞서 웃고 울고 사랑하고 아파했던 나의 이야기와 같은 주제나 모티프를 가진 서른세 편의 소설 속 이야기가 교차되어 있다. 이 이야기들은 당신을 향한 내밀한 고백인 동시에, 나를 향한 솔직한 독백이다.

누군가와 편하게 술 한잔 하고 싶은데 적당히 생각나는 사람이 없을 때, 그냥 집에 들어가는 게 싫어서 이리저리 서성이게 될 때, 혼자 커피숍에 앉아서 누군가와 얘기하는 기분으로 책을 읽고 싶을 때, 당신이 이 책을 읽는다면 좋겠다. 그리고 한번쯤 이렇게 말해준다면 좋겠다. 아, 나만 외로운 게 아니구나!

진부한 말이지만, 최선을 다해서, 영혼을 담아서 썼다. 당신에게 닿을 수 있기를.

2012년 10월
성수선

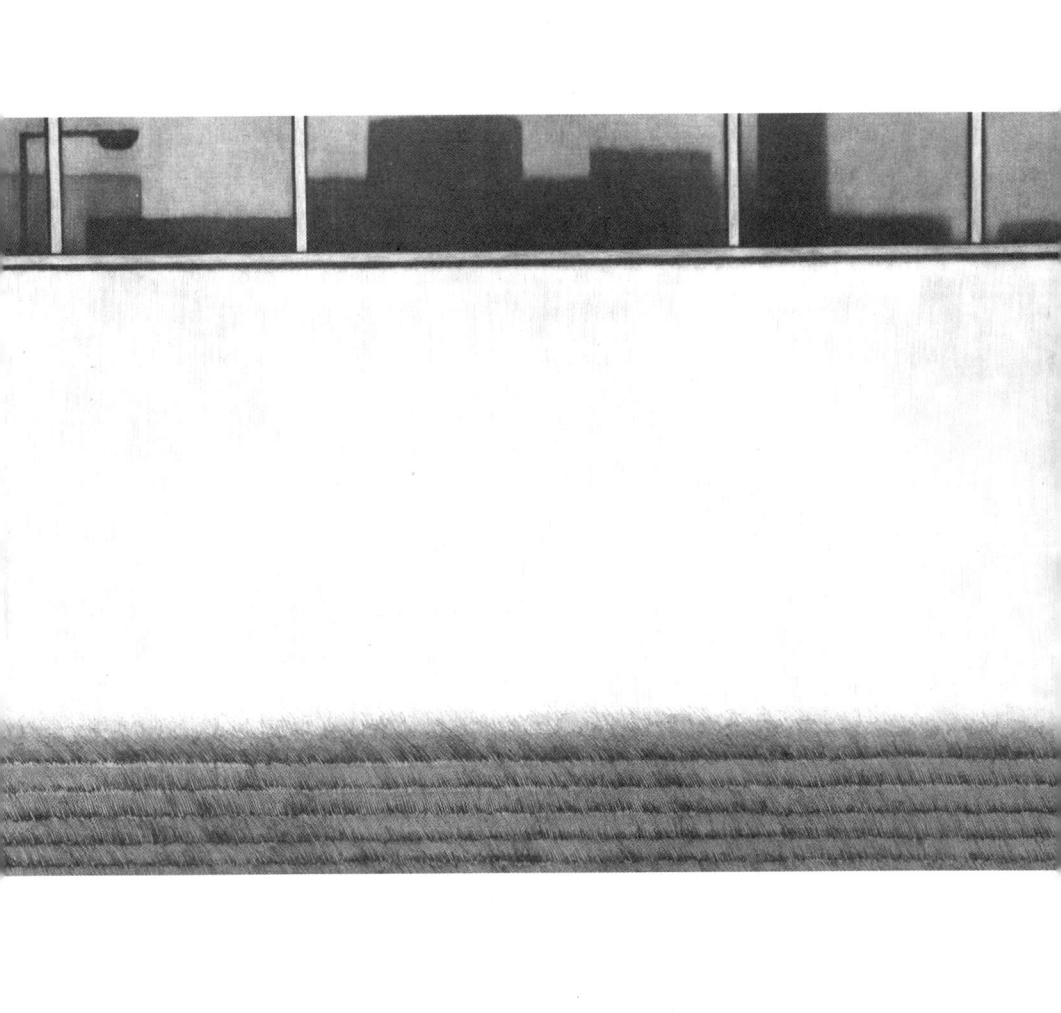

차례

005 프롤로그
서른세 편의 소설 속에서
나의 이야기와
당신의 이야기를 찾다

014 / 아무것도 하고 싶지 않다면
아무것도 하지 않아도 돼

022 / 행복은 느끼고 아끼면
네 곁에 있어줄 거야

030 / 세상은 뻔뻔해지는 만큼
만만해지는 것 같아

038 / 정말 힘들 땐
모든 것을 다 갖다버릴 장소가 필요해

046 / 그때 그렇게 안 했더라면,
하는 생각만 안 하고 살기

056 / 혼자 술 마시기 편한
단골집 하나는 만들어뒀니?

062 / 미련을 책임감이라고
착각하고 있지는 않니?

070 / 혼자라도 '하우스'가 아닌
'홈'에 살기를

080 / 쓰레기 분리수거를 같이 할 사람을
만나고 싶지 않니?

088 / 슬럼프는 네 배터리가
10퍼센트 미만이라는 경고 메시지야

094 / 사실은 남들도 다
구질구질하게 살고 있어

102 / 혼자인 네가 아플 땐
잠시 쉬어가라는 뜻이야

110 / 맛집 찾아가 줄 서 있어봐,
기운을 되찾을 거야

118 / 꼭 이유가 있어야 하니?
그냥 재밌으면 해

126 / 우리는 쿨하게 이별하지만
늘 그 사람 언저리에서 서성이지

134 / 누군가를 사랑했다는 건
그때의 나 자신을 사랑했다는 거야

144 / 지금 그 정도면 괜찮아,
잘하고 있어, 불안해하지 마

152 / 다 아는 줄 알지만,
사람들은 그저 서로를 짐작할 뿐이야

160 / 그 사람, 로프로 서로 묶고
함께 빙벽을 오를 사람일까?

168 / 누구나 생각지도 못하게
엉망이 되어버리는 순간들이 있어

176 / 순정을 바친다는 건
꼭 사랑에 속한 말은 아닐 거야

184 / 찌개도 국도 아니고 사랑인데,
어떻게 간만 보고 있니?

192 / 외롭고 싶은 사람처럼
늘 그렇게 웅크리고 있지 마

200 / 내가 다 차지할 수 없다는 생각이
협상의 시작이야

208 / 오랜만에 걸려온 전화엔
상처받지 않는 게 좋아

216 / 아닌 걸 아니라고 말하지 못할 때
외롭지 않니?

224 / 다 잘될 거야, 라는
엉터리 같은 믿음부터 버리자고

232 / 네가 지금 얼마나 유리한 입장인지
      한번 생각해봐

240 / 너를 웃게 하는 사람이
      제일 멋진 사람이야

248 / 네 안에 은교도 있고, 노시인도 있어,
      그게 인생인걸

254 / 내 옆에도 네 옆에도
      하루키가 있어서 다행이야

262 / 못 이룬 꿈이 있으니
      카프카도 우리 편이야

270 / 매일매일이 차라리 만우절이었으면,
      하는 날들이 있어

아무것도
하고 싶지 않다면
아무것도
하지 않아도 돼

얼마 전, 모교에서 특강을 했다. 주로 3~4학년 여학생들이 수강하는 '여성과 취업'이라는 과목의 커리큘럼 중 '선배와의 대화' 시간에 선배로 참석해서 직장생활에 대한 미니특강을 하고, 후배들의 질문을 받았다. "왜 결혼 안 하셨어요?" 같은 사적인 질문에서부터 "마케팅이랑 영업은 하는 일이 구체적으로 어떻게 달라요?", "전공이 심리학인데 B2B보다는 소비재 마케팅을 하는 게 좋을까요?" 같은 구체적인 것까지 많은 질문을 받았다.

그 수많은 질문 중, 너무나 솔직하게 대답해버리고 후회한 게 하나 있다. 뿔테안경을 쓰고 머리를 질끈 묶은 여학생이 진지한 표정으로 물었다.

"왜 전자회사에서 화학회사로 옮기셨어요?"

그냥 "다양한 분야에서 일해보고 싶었다"거나 "B2B 마케팅에 흥미를 느꼈다" 정도의 대답으로 넘어갔으면 좋았을 텐데…… 왜 그랬는지, 역사적 책임감으로 정확한 사실만을 기록하는 사관(史官)이라도 된 것처럼 비장하게 말했다.

"옮긴 게 아니라, 너무 힘들어서 회사를 때려치고 몇 달 간 쉬다가 치열한 구직활동 끝에 새로 직장을 구한 거예요."

벌써 10년 전, 2002년 겨울부터 2003년 봄까지의 얘기다. 그때 나는, 불쑥 직장을 때려치우고 천사표 이모가 있는 천사들의 도시 LA로 '도망'을 갔었다.

철없고 무책임하게 들리겠지만, 쉬고 싶었다. 엄살을 보태 말하자면, 쉬지 않으면 죽을 것 같았다. 북극곰이 겨울잠을 자듯이 자야 할 것만 같았다. 난 너무 지쳐 있었고, 원형탈모증에 걸릴 만큼 극심한 스트레스에 시달렸고, 기름이 없어서 고속도로 한복판에 멈춰서버린 차처럼 위험한 수준으로 방전되어 있었다. 배우들이 영화 하나 끝나면 뉴욕으로 런던으로 몇 달씩 훌쩍 떠났다가 차기작을 계약하고 돌아오는 것처럼, 아예 백수가 되어 그렇게 몇 달 재충전을 하고 싶었다.

2~3주 휴가를 내서 쉴 수도 있지 않느냐고, 꼭 그렇게 회사를 그만둬야 되느냐고, 그만두면 오래지 않아 분명히 후회할 거라고 가족과 친구들이 말렸다. 하지만 당시의 내 피로는 아로나민골드나 우루사로 해결될 수준이 아니었다. 내 몸과 마음은 그야말로 온전한 휴식을 간절히 원했다.

만약 지금 후배 한 명이 나를 찾아와 여러 가지로 너무 힘들어서 회사를 그만두고 몇 달 쉬겠다고 하면, 나 역시 도시락을 싸들고 쫓아다니며 강하게 만류할 거다. 하지만 내가 10년 전으로 돌아간다면, 영화처럼 타임머신을 타고 그 시절로 돌아간다면, 아마도 나는 그때랑 같은 선택을 할 거다.

회사를 그만둔 후 나는 오직 잠을 자고 싶었다. 단지 잠을 자기 위해서, LA까지 날아갔다. 집에 있으면 신경 쓰이는 일이 많았다. 퇴사를 맹렬하게 반대하셨던 부모님은 백수가 된 과년한 딸을 보면 부아가 치미실 테고, 그럼 툭하면 언성이 높아질 테고, 그럼 되도록 마주치지 않으려고 집에 있는 시간을 줄여야 될 테고, 그럼 결국 겨울잠을 잘 수 없을 테니까.

역시 천사표 이모는 내 기대를 저버리지 않았고, LA에 있던 몇 달 동안 난 아무것도 하지 않고 북극곰처럼 겨울잠을 잤다. 어렸을 때부터 나를 잘 이해해주던 이모는 내게 필요한 게 뭔지를 알았다. 이모는 멀리서 온 조카에게 잘해준다고 이것저것 음식을 하며 부산을 떨지 않았다. 하루종일 자도 깨우지 않았다. 자다 깨면 철 지난 한국 드라마를 같이 보다가 다시 잠을 잤다. 그야말로 진정한 '치유의 시간'이었다. 지금 내가 이렇듯 씩씩하게 많은 일을 할 수 있는 것도 어쩌면 그런 휴면의 시간이 있었기 때문일 것이다.

김중혁의 단편 〈에스키모, 여기가 끝이야〉를 읽으면 10년 전의 지친 나와 겨울잠을 잘 수 있게 지켜준 천사표 이모가 생각난다.

소설의 주인공 '나'는 '해수면 오차 측정과 침수지역 예상 및 지도 제작 전문 연구소'의 연구원이다. 측량팀에서 지도와 실제 지형 사이의 오차를 측정하는 일을 한다. 20대 후반이고, 나흘 전에 오랫동안 중환자실에 계시던 엄마가 돌아가셨다. 몸도 마음도 피폐하고 경제적으로도 어렵다. 엄마의 병원비를 감당하느라 생활은 말도 못하게 궁핍해졌다. 그때, 캐나다에 살고 있는 삼촌에게서 소포가 온다.

책상 앞에서 일을 시작하려고 할 때 소포가 눈에 들어왔다. 소포는 일주일 동안이나 똑같은 자리에서 얌전히 나를 기다리고 있었다. 나는 테이프를 뜯고 종이 상자를 열었다. 종이 상자 안에는 충격 보호 패드로 싸인 나무 조각이 하나 들어 있을 뿐, 아무런 메시지도 없었다. 나무 조각은 기이한 모습이었다. 심심한 누군가 아무렇게나 나무를 깎은 것처럼 균형감이 없었고 어딘지 모르게 만들다 만 것 같은 모습이었다. 옆에 있던 후배는 나무 조각을 보더니 어떤 예술가의 작품일지도 모른다고 했지만 내 눈에는 그런 아름다움이 보이질 않았다. 어쩌면 어딘가에서 아름다움을 찾아낼 만큼 내 마음이 여유롭지 않아서일지도 모른다.

이 정체를 알 수 없는 '나무 조각'은 뭘까? 그건 바로 '에스키모들의 지도'였다. 에스키모들은 종이가 아니라 나무를 깎아서 지도로 쓴다고 한다. 삼촌이 도대체 왜 이 에스키모들의 지도를 보냈을까 궁금해하던 '나'는 캐나다에 있는 삼촌과 통화를 한다. 삼촌은 '나'에게 캐나다로 와서 함께 지내자고 권유한다.

"삼촌, 그때와 지금은 달라요. 많은 게 바뀌었어요."
"아니야. 별로 바뀌지 않았어. 이곳으로 와라. 나와 함께 있자꾸나."
"제가 거기 가서 뭘 할 수 있겠어요?"
"아무것도 하지 않아도 돼. 어떤 때는 공간을 옮기는 것만으로도 많은 게 바뀌는 법이란다. 네가 할 일은 거기에서 여기로 이동하는 것뿐이야."

"그런다고 뭐가 바뀌겠어요?"

"내가 연구하고 있는 곳이 어딘지 아니? 툴레란 곳이야. 세상의 끝이란 뜻이지. 세상의 끝에 와보는 것도 훌륭한 공부가 되지 않겠니?"

"잘 모르겠어요. 전 지금 여기가 세상의 끝 같은 걸요?"

"난 여기에서 에스키모를 연구한 다음 많은 걸 깨달았다. 에스키모들에게는 '훌륭한'이라는 단어가 필요없어. 훌륭한 고래가 없듯 훌륭한 사냥꾼도 없고, 훌륭한 선인장이 없듯 훌륭한 인간도 없어. 모든 존재의 목표는 그냥 존재하는 것이지 훌륭하게 존재할 필요는 없어. 에스키모의 나무 지도를 보는 순간 그런 생각이 들었다. 아, 이 지도에는 '훌륭한'이라는 수식어가 없구나. 이 지도 속에는 인간이란 존재가 스며 있지 않구나. 그냥 지도이구나. 지도를 전공하고 있는 네 앞에서 주제넘은 소리인지 모르겠지만 그런 생각이 들었단다. 나는 네가 에스키모의 지도를 연구해 보면 어떨까 하는 생각이 들었어. 그래서 그걸 보냈단다."

아무것도 하지 않아도 된다고, 에스키모들에게는 '훌륭한'이라는 단어가 필요없다고, 모든 존재의 목표는 그냥 존재하는 것이지 훌륭하게 존재할 필요는 없다고 말해주는 '나'의 삼촌, 회사를 때려치우고 도망온 조카의 겨울잠을 지켜주는 나의 천사표 이모 같은 사람이 한 가족에 한 명씩 있다면 세상은 얼마나 평화로울까?

이모는 내게 아무것도 묻지 않았다. 회사는 갑자기 왜 그만두었는지, 뭐가 그렇게 힘들었는지, 앞으로는 뭘 할 건지, 새로운 직장은 알아보고 있는지…… 아무것도. 대신 하루종일 잠만 자는 내 머리를 쓰다듬으며 이렇게 말했다.

"네가 사랑받는 건 네가 너이기 때문이야. 뭐를 잘해서도, 좋은 회사를 다녀서도 아니야. 아무 일 안 하고 이렇게 잠만 자도 아무 상관 없어. 아무것도 하지 않아도 돼, 적어도 여기 있을 때만큼은."

가끔《내 인생에 힘이 되어준 한마디》같은 책 제목을 보면 우리 이모 말이 생각난다. 만약 누가 내게 내 인생에 힘이 되어준 한마디가 뭐냐고 묻는다면, 난 망설이지 않고 이 한마디를 전해줄 것이다.

"아무것도 하지 않아도 돼."

행복은
느끼고 아끼면
네 곁에 있어줄 거야

예전에 살던 오피스텔 1층에 '라면집'이 있었다. 번듯한 이름도 간판도 없이 그냥 상호 자체가 라면집. 강남 한복판이라고는 믿기 어려울 만큼 소박하고 허름하기까지 한, 말 그대로 그냥 라면집이었다.

열 명 정도 겨우 앉을 수 있는 작은 가게였는데, 라면집 아줌마들은 그다지 돈욕심이 없어 보였다. 같은 빌딩에 대형 영어학원이 있고 바로 옆에 24시간 편의점도 있으니, 늦게까지 하면 훨씬 높은 매출을 올릴 수 있을 것 같은데, 라면집은 저녁 8시가 되면 어김없이 영업을 종료했다.

그렇다고 그 시간에 가게문을 닫고 일찍 퇴근하는 것도 아니었다. 아줌마들끼리 모여앉아서 김치전을 부쳐 막걸리를 마시거나, 지글지글 삼겹살을 구워 소주를 마셨다. 간혹 아저씨들도 불러 부부동반으로 마시거나, 친구들을 불러 여고동창회 같은 분위기로 왁자지껄하게 마시기도 했다.

퇴근길, 라면집 앞을 지날 때마다 다이어트에 지친 심신과 가난한 영혼을 환장하게 만드는 맛난 안주냄새가 진동을 했고, 가게 안에서는 하하호호 웃음소리가 끊이지 않았다. 정말, 너무나도, 뭐라 말할 수 없이 행복해 보였다. 대단한 술상도 아니었다. 비 오는 날에는 전에 막걸리, 후덥지근한 여름 저녁에는 노가리에 맥주, 춥디추운 겨울밤에는 따뜻한 국물에 소주를 마시고, 기분 좋은 날이면 거하게 삼겹살파티를 벌였다. 터벅터벅, 하루종일 지친 발걸음을 집으로 옮기면서 난 웃음소리로 가득한 라면집을 성냥팔이 소녀처럼 부러움 가득한 눈망울로 들여다보곤 했다. 그러면서 생각했다. 도대체 행복이란 뭘까?

10년 넘게 해외영업을 하다 보니, 다양한 국적의 정말이지 다양한 사람들을 만나게 된다. 대부호도 만나봤고, 여러 나라의 지역유지도 많이 만나봤다. 또 회사생활을 하면서 글을 쓰고 책을 내다 보니, 의도하지 않게 인간관계의 외연이 넓어져서 남들이 부러워하는 직업을 가진 사람도 많이 알게 되었다. 하지만 내가 만난 그 많은 사람 중에서 가장 행복해 보인 이는, 단언컨대 그 라면집 아줌마들이다.

20세기 후반 미국의 대표적인 소설가 레이먼드 카버(Raymond Carver, 1938~1988)의 단편 〈깃털들〉은 도대체 행복이란 무엇인지, 행복하기 위해서는 어떤 능력이 필요한지 생각하게 하는 작품이다. 화자인 '나'는 아름다운 아내 프랜과 함께 단란한 중산층의 삶을 살고 있는 전형적인 미국인이다. 이 부부는 주로 '갖지 못한 것, 갖고 싶은 것'에 대해 이야기한다.

프랜이 머리칼을 빗질하는 저녁이면 우리는 지금 우리에게는 없지만 꼭 갖고 싶은 것들을 소리 내어 말하곤 했다. 새 자동차를 가질 수 있다면, 하는 소망들 말이다. 두 주 정도 캐나다로 여행을 갈 수 있다면. 하지만 아이를 원한 적은 한 번도 없었다. 그때까지 우리에게는 아이가 없었는데, 그건 우리가 한 번도 아이를 원한 적이 없었기 때문이었다. 언젠가는 낳겠지, 라고 서로 말한 적은 있다. 하지만 그때까지도 우리는 미뤄두고 있었다. 그렇게 계속 미루기만 하겠지, 라고 우리는 생각했다. 어떤 밤에는 영화를 보러 갔다. 어떤 밤에는 그냥 집에 틀어박혀서 텔레비전을 봤다. 프랜이 쿠키 같은 것을 구워오면 우리는 나란히 앉아 그걸 다 먹어치웠다.

이렇게 평온한 일상을 보내던 부부는 회사 동료 버드의 집에 초대를 받으면서 삶에 균열이 생기기 시작한다. 너무나 우스꽝스럽고 어처구니없지만, 동시에 너무나 행복해 보이는 버드 부부를 만나고 자신들의 삶에 뭔가 결핍이 있다는 것을 발견하게 된 것이다.

버드의 아내 올라는 아름다운 프랜과 달리 오동통하고 못생긴, 게다가 엉뚱하기까지 한 여자다. 하지만 올라는 매사에, 모든 사소한 일에 감사할 줄 안다. 버드를 만나 재혼을 한 후 치아교정을 하게 된 올라는 남편에 대한 고마움을 잊지 않기 위해 교정 전 비뚤비뚤하고 못생긴 치아를 본뜬 석고를 장식장에 올려두었다. 프랜 부부가 그 흉측한 석고를 보고 놀라자 올라는 이렇게 말한다.

"제가 고마워할 일이 참 많아요. (……) 저것도 그런 일 중 하나예요. 버드에게 신세진 걸 잊지 않으려고 저렇게 둔 거예요. (……) 집에 돈이 없어서 치아를 교정할 수 없었어요. 그래서 내 이빨은 제멋대로 그냥 자라게 된 거예요. 첫 남편은 내 생김새 따위는 신경도 쓰지 않았어요. 진짜, 그랬다니까요!"

버드와 올라, 이 엽기적인 부부의 집에서 놀랄 일은 흉측한 치아 석고뿐만이 아니었다. 지붕 위를 날아다니는 커다란 공작을 키우는데다, 그들의 아기는 뭐라 말할 수 없이 못생겼다.

장담하건대, 그렇게 못생긴 아기는 여태 본 적이 없었다. 얼마나 못생겼는지 뭐라고 할 말이 없었다. 내 입에서는 어떤 말도 나오지 않았다. 병이 있다거나 기형이라는 뜻이 아니다. 그런 건 하나도 없었다. 그냥 못생겼을 뿐이었다. 엄청나게 큰 붉은 얼굴, 툭 튀어나온 눈, 널따란 이마, 비대한 입술 등등. 목이라고 부를 만한 것은 없었고 살찐 턱은 서너 겹에 달했다. 턱의 주름은 귀밑까지 이어졌고 두 귀는 민둥머리에 툭 튀어나와 있었다. 손목에도 온통 살투성이였다. 팔과 손가락에도 피둥피둥 살이 붙어 있었다. 못생겼다고 하는 말이 녀석에게 영예로울 정도였다.

그럼에도 불구하고 버드와 올라 부부는 행복하다. 그들에게는 범접할 수 없는 순진무구함과 낙천적인 성향, 다소 엉뚱한 유머감각과 매순간 행복을 느끼는 능력이 있다. 올라는 프랜에게 자신의 못생긴 아기를 자랑하며 이렇게 말한다.

"정말 똑똑해요. 하나를 가르치면 둘을 안다니까요. 무슨 말을 하면 그걸 다 알아들어요. 그렇지, 해럴드? 한번 아기를 낳아보세요, 프랜. 금방 알게 될 거예요."

올라의 권유대로 프랜 부부는 아기를 낳는다. 하지만 도대체 뭐가 잘못된 건지, 어디서부터 꼬였는지…… 그들은 행복하지 못하다. 그리고 그들은 뭐가 문제인지에 대해 서로 대화하지 않는다. 버드와 올라에게는 있고 그들 부부에게는 없는 게 뭔지 끝내 알지 못한다.

이 소설을 읽으면서, 또 남들이 부러워하는 거의 모든 것을 가진 잘난 사람들을 만나면서, 매일매일 행복한 라면집 아줌마들을 보면서, 행복은 얼마나 많이 가졌느냐의 문제가 아니라 행복을 느낄 줄 아는 능력의 문제라는 생각을 하게 됐다. 행복을 느낄 줄 아는 것도, 그 느낌을 오래오래 지속시킬 수 있는 것도 능력이다. 인생을 관통하는 아주 핵심적이고 중요한 능력!

아무리 많이 가져도 더 많이 가진 사람과 비교하면 박탈감이 느껴질 뿐이고, 아무리 많은 것을 가졌어도 자신의 결핍에 집중하면 자기연민에 빠질 뿐이고, 아무리 돈이 많아도 쓸 시간이 없다면 남 좋은 일만 시킬 뿐이고, 아무리 잘나도 행복하지 못하면 재미없는 소풍처럼 쓸쓸한 삶을 살다가 떠날 뿐이다.

얼마 전, 미장원에서 《주부○○》 같은 주부 대상 잡지를 읽었다. 독자들을 대상으로 '버킷리스트(죽기 전에 꼭 해보고 싶은 일 목록)'를 설문한 기사가 있었다. 세계일주, 유럽여행, 크루즈여행, 더 늙기 전에 화보 찍어보기, 이브닝드레스 입고 파티 가기, 내 이름으로 책 내기 등 많은 소망이 열거되어 있었다.

잘난 척하는 것처럼 들릴 수도 있겠지만, 난 주부들이 꼭 해보고 싶어 하는 이 일들을 거의 대부분 해봤다. 하지만 그녀들이 가진 많은 것을 난 가지지 못했고, 그녀들이 해본 많은 일을 난 경험하지 못했다. 결혼을 하지도 않았고, 신혼여행의 낭만을 즐기지도 못했으며, 아기를 낳지도 않았고, 토끼 같은 새끼의 재롱을 보지도 못했으며, 남편과 나른한 주말을 보내본 적도 없고, '그래도' 내 편을 들어주는 무뚝뚝한 남편에게 감동을 받은 적도 없으며, 가정이라는 울타리가 주는 안정감을 느껴보지도 못했다. 버킷리스트는, 갈망과 행복은 너무도 상대적인 것이다.

작년 말 한 월간지에 '나의 버킷리스트'라는 제목으로 에세이를 썼다. 춘천에 여행을 갔다가 "좋~다!"를 연발하며 주거니받거니, 도란도란 너무나 행복하게 소주를 마시는 80대 노부부를 보고 쓴 글이다. 그 에세이의 마지막은 이렇다. 이게 정말 내가 갈망하는 일, 나의 버킷리스트다.

그때, 내게도 소망이 생겼다. 먼 훗날, 여든이 되었을 때, 이 자리에서, 청춘의 한 자락을 보낸 춘천에서, 세월을 나누어온, 함께 늙어가는 내 남자와 "좋~다!"를 외치며 소주를 마시고 싶다고. 함께 씹고 뜯고 마시고 즐기고 싶다고. 시시한 얘기와 소소한 기쁨을 함께하며 늙어가고 싶다고. 여든이 넘어서도 쳐다만 봐도 좋은 여자로 남고 싶다고. 성공한 할머니보다 행복한 할머니, 존경받는 할머니보다 사랑받는 할머니가 되고 싶다고.

여든이 넘어서도 소주 몇 병을 거뜬히 비우기 위해서 나는 오늘도 운동을 한다. 함께 씹고 뜯고 마시고 즐길 남자를 기다리며.

_ 〈나의 버킷리스트〉, 《톱클래스》(2011. 12)

세상은
뻔뻔해지는 만큼
만만해지는 것 같아

누구나 한번쯤, 크고 작은 실수를 하고 어찌할 바를 몰라 전전긍긍해본 적이 있을 거다. 회식자리에서 앞에 앉은 상사에게 찌개를 떠주려다 엎지르거나(잘해보려고 한 일인데, 뻘건 찌개국물이 상사의 하얀 와이셔츠를 흠뻑 적셔버렸을 때, 정말 울고 싶다), 바닷가에 놀러 가서 장난으로 친구를 살짝 밀었는데 중심을 잡지 못한 친구가 그만 퐁당 빠져버리거나(주머니에 들어 있던 최신 스마트폰까지 물에 잠겨버리면 그야말로 최악이다), 친구한테 어떤 사람을 욕하는 문자를 보냈는데 '전송' 버튼을 누르고 나서 보니 친구가 아니라 화끈하고 적나라하게 씹은 주인공에게 보냈다거나(인간관계가 단절될 수도 있다), 누군가한테 뭘 빌렸다가 잃어버리거나 망가뜨렸을 때(빌려온 귀한 책에 뭘 쏟거나 조카가 찢어버렸을 때, 빌린 차를 시원하게 긁어버렸을 때, 잠시 빌려 쓰던 노트북의 파일을 날려버렸을 때…… 그저 하늘이 노랗다)…….

　이런 실수는 너무 많아서 일일이 열거할 수도 없다. 드라마에서는 예쁜 여자 주인공이 덜렁거리며 온갖 민폐를 다 부려도, 오히려 그 사랑스러운(?) 푼수 캐릭터에 '알고 보니 재벌 2세'인 남자 주인공이 반해버리지만, 현실에서 이런 크고 작은 실수는 말 그대로 '민폐'일 뿐이다. 한바탕 시원하게 욕먹는 정도로도 모자라 인간관계 단절로 상황이

종료되기도 한다.

나 또한 남부럽지 않게 덜렁거리는 캐릭터로, 크고 작은 실수를 저지르고 어찌할 바를 몰라 전전긍긍해본 적이 한두 번이 아니다. 어떻게 사과를 해야 하나? 어느 정도까지 사과해야 하나? 사과하면 받아줄까? 사과하기엔 너무 늦은 게 아닐까? 말로만 미안하다고 하면 더 뻔뻔해 보이지 않을까? 오히려 화를 돋우는 게 아닐까? 기억 못하고 있을지도 모르는데, 괜히 말해서 긁어 부스럼 만드는 건 아닐까? 오만가지 생각으로 전전긍긍, 밤잠을 설치며 고민을 한다.

이런 실수들, 실수를 저지른 소심한 자의 패닉을 다룬 세계에서 가장 뛰어난 문학작품이 있으니(적어도 내 생각에는), 바로 러시아의 대문호 안톤 체호프(Anton Pavlovich Chekhov, 1860~1904)의 〈관리의 죽음〉이다.

'이반 드미트리치 체르뱌코프(많은 경우 러시아 소설은 주인공 이름을 외우기가 어렵다)'라는 회계원이 즐겁게 오페라를 관람하다가 재채기를 한다. 그런데 하필, 앞에 앉은 노인에게, 그것도 장군님께 침이 튀었다.

재채기 때문에 남에게 폐를 끼친 건 아닐까? 한데 저런, 당황스런 일이 생기고 말았다. 그는 앞의 첫 번째 줄에 앉아 있던 노인이 자신의 대머리와 목을 장갑으로 열심히 닦으며 뭐라 투덜거리는 것을 보았다. 체르뱌코프는 그 노인이 운수성에 근무하는 브리잘로프 장군이라는 것을 알아보았다.

〈저분에게 침이 튀었어!〉

체르뱌코프는 생각했다.

〈우리 부서장은 아니지만 그래도 곤란하게 됐군. 사과를 해야지.〉

체르뱌코프는 헛기침을 하고 나서 앞으로 몸을 숙이고 장군의 귀에다 속삭였다.

「용서하세요, 각하. 제가 침을 튀겼군요. 본의가 아니었습니다만……」

「괜찮아요, 괜찮아……」

「제발 용서하십시오. 저는 그저…… 저도 모르게!」

「아, 앉으세요 제발! 공연 좀 봅시다!」

사과는 여기서 끝났어야 했다. 더도 말고 덜도 말고 딱 여기서! 그런데 우리의 소심한 주인공, 이름도 긴 이반 드미트리치 체르뱌코프는 휴식시간에 장군을 찾아가서 또 사과를 한다.

휴식시간에 그는 브리잘로프에게 다가갔다. 주변에서 얼쩡거리던 그는 마침내 용기를 내어 더듬더듬 말했다.

「제가 침을 튀겼습니다, 각하…… 용서하십시오. 전 그저…… 다만……」

「허, 정말…… 나는 벌써 잊어버렸다니까. 아직도 그 얘기요!」

장군은 그렇게 말하면서 신경질적으로 아랫입술을 떨었다.

〈잊어버렸다고 하지만 눈에는 원한이 담겨 있는 걸.〉

체르뱌코프는 그렇게 생각하며 의심스런 눈초리로 장군을 흘깃거렸다.

「말도 안하려고 하네. 내가 전혀 그럴 의도가 없었다고 해명을 해야 될 텐데……. 재채기는 자연의 순리라고 말이야. 안 그러면 내가 일부러 침을 튀긴 거라고 생각할 거야. 지금은 그런 생각을 안하더라도 나중에 그러겠지!」

아…… 오호통재라! '소심한 사람 뽑기 대회'에 나가면 상위 5등 안에는 들 것 같은 우리의 소심한 주인공은 공포에 질린 나머지 자신의 실수에 심한 집착증세를 보인다. 아주 그냥, 스토커에 찌질이가 되어간다.

다음 날, 체르뱌코프는 새 관복을 차려입고 장군의 접견실까지 찾아가서 또 사과를 한다. 바쁜 장군은 자꾸 찾아와 재채기 얘기나 하며 귀찮게 구는 그에게 "여보세요, 날 놀리자는 겁니까, 뭡니까!"라고 짜증을 내고, 소심한 체르뱌코프는 겁에 질려서 다음 날 또 찾아간다.

「각하, 저는 어제 와서 폐를 끼친 사람입니다만」

장군이 그를 의아한 눈길로 쳐다보자 그는 더듬거리며 말했다.

「그건 각하께서 말씀하신 것처럼 놀리려는 뜻이 아니었습니다. 저는 다만 재채기를 하고 침을 튀긴 것에 대해서 사과를 드리려던 것이었지, 놀리려는 생각은 없었습니다. 어떻게 제가 감히 각하를 놀리겠습니까? 만약에 제가 웃었다면 그건 높으신 어른에 대한 존경심 때문입죠. 제가 설마……」

「꺼져!!」

장군은 얼굴이 파랗게 질려서 부들부들 떨며 소리를 빽 질렀다.
「뭐라고요?」
체르뱌코프는 두려움에 질려서 속삭이듯 물었다.
「꺼지라니까!!」
장군이 발을 구르며 되풀이 말했다.

그래서 결국 어떻게 됐을까? 이 짧은 소설은 이렇게 끝난다.

체르뱌코프의 뱃속에서 무언가가 터져버렸다. 아무것도 보이지 않고 아무것도 들리지 않는 상태로 그는 문을 향해 뒷걸음질 쳤다. 그리고 흐느적흐느적 밖으로 걸어나갔다. 기계적으로 걸음을 옮기며 집에 돌아온 그는 관복을 벗지도 않은 채로 소파에 누웠다. 그리고…… 죽었다.

단편소설의 최고봉이라 불리는 체호프의 이 위대한 단편은 한 인간의 소심함, 두려움, 집착과 그로 인한 파멸을 놀랍도록 압축하고 희화화해서 보여준다. 머리를 꽝 한 대 얻어맞은 것 같다. 가끔 우리는, 특히 나같이 소심한 사람들은, 별것도 아닌 사소한 실수에 딱할 정도로 심하게 전전긍긍한다. 혼자서 생각하고 또 생각하고, 집착하고 걱정하고…… 온갖 부정적인 상상이 꼬리에 꼬리를 물고 이어진다. 정작 상대방은 신경도 안 쓰는데, 잊어버린 지가 언젠데.

얼마 전, 술자리에서 말실수를 하고 며칠을 전전긍긍했다. 금요일 밤에 회사 선후배 몇 명과 술을 마셨는데, 말을 하다 좀 과한 표현을 하고 말았다. 말을 하자마자 후회했는데, "아까 내 말은 그런 뜻이 아니라……" 하고 설명하려 했지만 사람들은 이미 다른 이야기를 하고 있었다.

분위기는 시종일관 좋았고 2차로 치맥(치킨과 맥주)까지 먹고 기분 좋게 들어왔는데, 막상 혼자 있으니까 주말 내내 내가 한 말실수가 생각났다. 월요일이 '부처님 오신 날'이었기 때문에 마침 3일 연휴였다. 난 강박적으로 내 말실수에 집착하며 생각하고 또 생각했다. 혹시라도 누가 내가 막말을 했다고 소문내고 다니면 어쩌지? 혹시라도 내 말을 확대해석하거나 오해했으면 어쩌지? 그게 그런 뜻이 아니었다고 지금이라도 전화해서 설명할까? 휴일에 전화하면 더 이상하게 생각할까?

별의별 생각에 전전긍긍하며 3일 연휴를 보내고 출근해서 지난주 금요일에 함께 술 마신 선배 중 한 명과 점심을 먹었다. 슬쩍 눈치를 보며 그 얘기를 꺼냈더니 선배는 눈을 끔뻑끔뻑하며 말했다.

"뭔 소리야? 그런 얘기도 했었나, 우리가?"

한편으로는 다행이었지만, 한편으로는 허망하고 허탈하기 그지없었다. 정작 다른 사람들은 그런 얘기를 했었는지조차 모르는데, 난 연휴 내내 전전긍긍하며 괴로워했다. 나 스스로가 너무나 한심했다.

어렸을 때 〈그래, 가끔 하늘을 보자〉라는 영화가 있었다. 〈행복은 성적순이 아니잖아요〉와 비슷한 내용의, 성적 때문에 심한 스트레스를 받는 고등학생들에 대한 영화였다. 그 영화 제목이 참 좋았다. 지금도 가끔 그 제목을 떠올리며 하늘을 본다.

심신의 평화와 건강을 위해 가끔 하늘을 봐야 하는 것처럼, 가끔 뻔뻔해지기도 해야 한다. 맨날 이 눈치 저 눈치, 안 봐도 될 온갖 눈치 다 보며 혼자서 전전긍긍, 안달복달, 안절부절못하다가는 아무리 비싼 피부관리를 받아도 LTE보다 빠른 속도로 늙을 수밖에 없다.

　　피부노화를 방지하고 지친 마음을 온전히 쉬게 하기 위해서는, 가끔은 뻔뻔해질 필요가 있다. 누구에게나 칭찬받고 사랑받아야만 한다는 '좋은 사람 콤플렉스'를 과감히 던져버리고, 제발이지 좀 뻔뻔해져야 한다. 실수 좀 하면 어때? 외로우니까 사람이고, 실수하니까 사람이지! 욕 좀 먹으면 어때? 나는 뭐 남들 욕 안 하나! 걱정하면 뭐 해? 그런다고 달라질 것도 없는데!

　　뭔가 삐걱거리고 잘못된 것 같으면, 왠지 가까운 누군가의 기분이 나빠 보이면, 습관적으로 '내가 또 뭘 잘못했나?' 전전긍긍하는 후천적 A형의 소심함을 버리고, 웬만한 일에는 미동조차 않는 B형의 대범한 기상을 배울 필요가 있다. 그래, 가끔은 뻔뻔해지자.

정말 힘들 땐
모든 것을
다 갖다버릴
장소가 필요해

세계 최고의 야경을 자랑하는 곳, 동양과 서양이 묘하게 공존하는 곳, 국제금융의 중심지이자 거대한 자유무역항으로 온갖 자본과 재화가 유입되는 곳, 환락과 사치를 위한 거의 모든 것이 있는 곳, 세계 최고의 셰프들이 모여 온갖 종류의 음식을 만들어내는 곳, 아편전쟁 이후 영국의 식민지가 되었던 아픈 근대를 품고 있는 곳, 장궈룽(張國榮)이 발 없는 새처럼 낙하해 생을 마감한 곳, '향기나는 항구(香港)'라는 뜻의 이름을 가진 곳, 홍콩!

　　무진에 명산물이 없는 게 아니다. 나는 그것이 무엇인지 알고 있다. 그것은 안개다. 아침에 잠자리에서 일어나서 밖으로 나오면, 밤사이에 진주해 온 적군들처럼 안개가 무진을 빙 둘러싸고 있는 것이었다. 무진을 둘러싸고 있던 산들도 안개에 의하여 보이지 않는 먼 곳으로 유배당해 버리고 있었다. 안개는 마치 이승에 한(恨)이 있어서 매일 밤 찾아오는 여귀(女鬼)가 뿜어내 놓은 입김과 같았다. 해가 떠오르고 바람이 바다 쪽에서 방향을 바꾸어 불어오기 전에는 사람들의 힘으로는 그것을 헤쳐 버릴 수가 없었다. 손으로 잡을 수 없으면서도 그것은 뚜렷이 존재했고 사람들을 둘러쌌고 먼 곳에 있는 것으로부터 사람들을 떼어놓았다. 안개, 무진의 안개, 무진의 아침에 사람들이 만나는 안개, 사람들로 하여금 해를, 바람을 간절히 부르게 하는 무진의 안개, 그것이 무진의 명산물이 아닐 수 있을까!

김승옥이 단편 〈무진기행〉에서 말한 것처럼, 무진의 명산물이 안개라면, 홍콩의 명산물은 뭘까? 딱 하나만 답할 수 있다면 말이다. 지금부터 하는 이야기는 이 질문에 대한 나의 지극히 개인적이며 체험적인 답변이다.

몇 년 전 여름, 7월의 마지막 주였다. 그때 난, 온몸의 피가 거꾸로 역류하는 것 같은, 당장이라도 증발해버리지 않으면 심장이 타들어가버릴 것 같은 엄청난 분노를 겪었다. 무작정 어딘가로 떠나고 싶었다. 비행기표를 알아봤다. 7월 마지막 주이자 8월 첫째 주라는 휴가 최성수기여서 비행기티켓 한 장 구하기도 쉽지 않았다.

평소의 거의 두 배나 하는 비싼 가격이었지만, 홍콩으로 날아가는 비행기에 한 자리가 있었다. 홍콩으로 날아갔다. 홍콩에 가고 싶어서가 아니라, 오직 홍콩 가는 비행기에만 나를 위한 한 자리가 있었기 때문이다.

코즈웨이베이에 있는 작은 부티크호텔에 짐을 풀었다. 숙박비는 엄청 비싸면서 바다도 보이지 않고 인파로 붐비는 길가에 있는 작은 호텔을 선택한 이유는 단 하나, 단체관광객도 없고 방도 몇 개 없는 조용한 호텔이라서. 아무하고도 엮이고 싶지 않았다. 오직 혼자 있고 싶었다. 그 호텔에 일주일간 있으면서 유령처럼 맥락없는 홍콩의 거리들을 배회했다.

매일 아침 7시에 일어났다. 분노로 웅크려든 몸은 늦잠을 허하지 않았다. 아주 간단한 화장만 하고 나가 호텔 건너편에 있는 작고 허름한 죽집에서 출근하는 사람들 틈에 끼여 죽을 먹었다. 좁아터진 홍콩에서는 아주 비싼 레스토랑이 아니면 어디서든 물어보지도 않고 합석을 한다. 대식구가 옹기종기 모여앉아 다함께 아침을 먹는 드라마 속 장면처럼 낯모르는 사람들과 다닥다닥 붙어앉아 아침을 먹었다.

영어는 한 마디도 통하지 않았고 중국어로 된 메뉴도 읽을 수 없었다. 그냥 옆사람이 먹고 있는 죽을 가리키면 사람 좋은 주인아줌마가 갖다줬다. 3일째 되던 날, 주인아줌마가 손짓발짓으로 그건 안 된다며 밋밋한 다른 죽을 내왔다. 지금 옆사람이 먹고 있는 죽은 외국 사람 입맛에는 안 맞을 거라는 말 같았다.

그후로는 내가 가면 시키지 않아도 알아서 죽을 갖다줬다. 꽈배기도 주고, 콩을 간 두유 같은 것도 줬다. 물론 전부 돈을 받았지만 다 합쳐서 라면 한 그릇 값도 되지 않았다.

아침을 먹고는 붐벼터지는 출근시간의 지하철을 탔다. 그 찜통 같은 여름에 정장에 스타킹까지 신은 여자 직장인들, 목을 조이듯 넥타이를 하고 재킷까지 입은 남자 회사원들 틈바구니에서 반팔에 반바지 차림으로 멍하니 서 있다가 성완(上環)에서 내렸다. 그렇게 매일 아침, 일정한 시간에 지하철을 타고 만모사원(文武廟)에 갔다.

아침부터 매캐한 향냄새가 가득했다. 가끔은 너무 매워서 눈물을 흘렸다. 무신(武神) 관우와 문신(文神) 문창제를 모셔놓은 작은 사원은 필사적으로 향을 흔들며 간절히 기도하는 현지인 할머니들과 몇 대의 관광버스가 내려놓은 온갖 나라의 관광객들로 발 디딜 틈이 없었다. 난 그 붐비는 곳에서 현지인 할머니들이 하는 대로 매캐한 향을 흔들며 기도했다. 기도가 필요했다. 절을 하고 또 했다. 제발 내게 평화를 달라고.

만모사원에 한 시간쯤 있다 보면 온몸에 향냄새가 배고 땀이 비오듯이 흘렀다. 탈수상태로 나와서는 맞은편 커피숍에서 차가운 콜라를 마시며 몇 시간씩 앉아 있었다. 거기서도 합석을 했다. 묻지도 않고 슈트를 입은 인도 남자가, 쳐다보기 민망할 정도로 노출이 심한 거구의 백인 여자가, 외근 나왔다가 들른 것 같은 홍콩인 남자 회사원이 앞자리에 앉았다. 서로 개의치 않았다. 각자의 노트북을 보거나 책을 읽었다. 난 그냥 멍하니 앉아 있었다.

앉아 있는 게 지루해지면 나와서 그 찜통 같은 홍콩의 맥락없는 거리를 몇 시간씩, 유령처럼 걸어다녔다. 목적지가 없으니까 지도도 보지 않았다. 그냥 고행을 하듯이 걸어다녔다.

그 와중에도 재미있을 때가 있었다. 홍콩의 거리는 정말 아무런 맥락이 없다. 걷다 보면 뭐가 튀어나올지 종잡을 수가 없다. 오피스 밀집 지역을 지나가는데 갑자기 앵무새를 파는 가게가 나왔다. 환상동화에나 나올 법한 기괴한 가게였다. 게다가 커다란 앵무새가 있는 새장은 가게 밖에 있고, 주인은 만사가 귀찮다는 듯 가게 안 선풍기 앞에서 졸고 있었다. 앵무새가 갇힌 새장을 들여다보다가 앵무새랑 눈이 마주

쳤다. 그러자 놀랍게도 앵무새가 말을 했다. 물론 알아들을 수는 없었다. 광둥어였으니까. 아직도 못내 궁금하다. 그때 그 앵무새가 나한테 뭐라고 했는지.

하루종일 걷다가 지치면 저녁나절에 호텔로 들어가 기절하듯이 잠들었다. 그렇게 매일매일 똑같은 날들을 보내다 떠나기 전날이었다. 그날도 종일 걷다가 지쳐서 들어갔는데 낯이 익은 호텔 직원이 문을 열어주며 말했다. 하루종일 어디를 그렇게 바쁘게 다녀오느냐고. 난 흘러내리는 땀을 닦으며 그냥 걷다가 오는 거라고 멋쩍게 대답했다.

까만 상하이탕 유니폼을 입은 친절한 직원은 내게 차가운 생수 한 병을 주며 이런저런 말을 건넸다. 마지막 날이기도 해서 난 잠깐 로비 소파에 걸터앉아 그녀와 이야기를 나눴다. 그녀는 못내 궁금했던지, 홍콩에는 왜 온 거냐고 물었다. 난 뭐라 대답해야 할지 잠시 망설이다 말했다. 뭘 좀 버리려고 왔다고. 내 말에 그녀는 하얀 치아를 드러내고 활짝 웃으며 말했다.

"홍콩항은 수심이 깊으니 걱정 말고 다 버리고 가세요."

그녀의 말에 난 바로 택시를 잡아타고 홍콩항에 갔다. 홍콩항을 바라보며 캔맥주를 하나 마시면서 내가 아는 욕이란 욕은 다 했다. 큰 소리로. 생각보다 나는 많은 욕을 알고 있었고, 그걸 다 내뱉고 나니 목이 쉬었다. 더 이상 소리를 지르지 못하게 되었을 때, 난 마음속을 맹렬히 부유하는 분노를 모두 날려버리듯이 빈 맥주캔을 던져버렸다.

순간, 이상했다. 무슨 환상동화처럼, 거짓말처럼 가슴이 후련했다. 맥주캔에 분노가 다 실려 날아간 듯했다. 홍콩항은 수심이 깊다더니, 비중 높은 분노로 무거워진 맥주캔이 해저 깊은 곳으로 가라앉은 것 같았다. 마법의 두통약을 먹은 듯한, 기억을 관장하는 뇌의 일부분을 싹둑 잘라내버린 것 같은 신기한 순간이었다.

홍콩의 명산물은 홍콩항의 깊은 수심이다. 정말이다. 못 믿겠으면 직접 가보라!

언젠가 가장 행복한 순간에 코즈웨이베이의 그 호텔에 투숙하고 싶다. 그 직원이 그때까지 거기 있다면 또 물어봐줬으면 좋겠다. 홍콩에는 왜 왔냐고. 그러면 이렇게 대답하고 싶다. 수심이 깊은 홍콩항에 감사하러 왔다고.

홍콩은 항구다. 그리고 홍콩항은 수심이 깊다.

그때 그렇게
안 했더라면, 하는
생각만 안 하고 살기

요즘 싸이의 신곡 〈강남스타일〉이 대유행이다. 들썩들썩 어깨를 흔들며 싸이의 새로운 앨범을 듣다가 〈어땠을까〉라는 노래에 그만 가슴이 쿵, 내려앉았다.

어땠을까 (내가 그때 널)
어땠을까 (잡았더라면)
어땠을까 (너와 나 지금보다 행복했을까)
어땠을까 (마지막에 널)
어땠을까 (안아줬다면)
어땠을까 (너와 나 지금까지 함께했을까)

이건 정말, 무방비상태에서 당한 기습이었다. 신나고 경쾌한 댄스곡이 이렇게 폐부를 찌르는, 인생을 관통하는 예리하고 예민한 질문을 던지다니! 사실, 이런 생각 안 하고 사는 사람이 얼마나 될까?
그때 그 사람과 헤어지지 않았다면 어땠을까? 그때 더 늦기 전에 헤어졌다면 어땠을까? 그때 미친 척하고 결혼했다면 어땠을까? 그때 결혼 따위 하지 않았다면 어땠을까? 그때 회사 때려치우고 유학을 갔다면 어땠을까? 그때 이직을 했다면 어땠을까? 그때 힘들더라도 그 일을 계속 했다면 어땠을까? 그때 착한 척하지 않고 그 친구 부탁을 거절했다면 어땠을까? 그때 화가 나더라도 그냥 한 번 참았다면 어땠을까? 그때 차를 안 샀다면 어땠을까? 그때 반토막난 펀드를 안 팔고 그냥 갖고 있었다면 어땠을까? 팔랑귀를 흔들며 그 망할 놈의 주식만 안 샀다면, 일찍 팔기라도 했다면 어땠을까? 그때 투표를 했다면, 다른 후보를 뽑았다면 어땠을까? 그랬다면 지금보다는 나은 세상에 살고 있지 않을까?

이런 혼자 묻고 혼자 답하는 '그때 ~했다면 어땠을까?', '그때 ~했다면 ~보다 행복할까?' 리스트는 너무 길고 너무 방대해서 일일이 열거할 수가 없다. 다른 사람들의 뇌 속에 들어가 볼 수는 없지만, 이런 생각을 아예 안 하고 그저 현재에 만족하며 사는 사람은…… 아마도 없을 거다. 뭘 해도 아쉬움이 남고, 뭘 해도 미련이 남고, 뭘 해도 후회가 남는 게 선택이니까. 기회비용이 발생하지 않는 선택이란 없으니까.

사람들은 항상 지나고 나서 후회한다. 이런 고질적인 습성을 전문적인 용어로 '뒷북'이라고 한다. 나도 마찬가지다. 내조의 여왕, 재테크의 여왕, 연애의 여왕처럼 좋은 여왕도 많은데 난 하필 뒷북의 여왕이다. 다른 건 몰라도 이거 하나만큼은 남부럽지 않게 잘한다.

치킨에는 맥주, 파전에는 막걸리, 삼겹살엔 소주처럼 뒷북에 항상 세트로 따라붙는 게 있으니…… 바로 '자학'이다. 신나고 즐겁게, 춤을 추며 경쾌하게 뒷북을 치는 사람은 없다. 뒷북을 칠 때는 애꿎은 머리를 쥐어뜯으며 자학을 하기 마련이다. 나는 또, 이 자학의 달인이다. 도대체 그때 왜 그랬을까? 도대체 왜 그런 말도 안 되는 결정을 했을까? 도대체 왜 나는 이 모양일까? ……

 이런 뒷북의 여왕, 자학의 달인인 내게 커다란 위안과 함께 웃음을 준 소설이 있으니, 제목부터 뒷북과 자학에 지친 가여운 영혼을 토닥토닥 두드려준다. 최고의 이야기꾼 이기호의 《갈팡질팡하다가 내 이럴 줄 알았지》. 이 소설을 읽다 보면 큰 소리로 웃다가 잠시 '멍 때리다가', 또 큰 소리로 웃다가 잠시 저릿저릿 마음이 아프다가, 또 큰 소리로 웃다가 잠시 숙연해지는 과정을 겪게 되니, 가급적이면 커피숍이나 지하철 같은 공공장소보다는 방에서 혼자 읽을 것을 권한다.

 상당히 자전적인 면이 강한 이 소설의 주인공이자 화자인 '나'는 10대 시절에 린치를 많이 당했다. 무슨 잘못을 저질러서도, 왕따를 당해서도 아니고 순전히 운이 나빠서…….

 십대 시절엔 집단 린치를 많이 당했다. 물론 그 시절엔 그런 일들이 전(全)사회적으로 비일비재하게 일어나기도 했다(뭐, 지금도 크게 변한 거 같진 않지만). 친구들과 즐겁게 길을 걷고 있는데 어디선가 갑자기 짜안, 하고 맥가이버 머리를 한 형님들이 나타나 허어, 이런 귀여운 청춘들을 봤나, 형들이 집엘 가야 하는데 회수권을 안 갖고 나왔지 뭐냐, 니들이 좀 꿔줘야겠다, 하는 일들 말이다. 그러다가 회수권에 나이키 운동화, 아식스 점퍼까지 꿔주고, 덤으로 뺨 몇 대와 말도 안 되는 훈계(공부 열심히 해라, 효도해라, 밤늦게 다니지 마라 등등)까지 들어야 하는, 그런 일들. 한데, 나의 문제는 그것이 단순히 뺨 몇 대와 훈계 몇 마디로 끝나지 않았다는 데 있었다. 맞았다 하면 꼭 전치 사 주요, 전치 육 주였다(전치 팔 주가 내가 가본 최대치였다). 기어이 경찰서까지 가고 마는 린치. 맞다 보면 아무 생각도 나지 않는 린치. 런치도 아닌 린치. 그 린치 덕에 십대 시절, 나는 총 일곱 번 경찰서에 가야만 했다.

'나'는 10대 시절에 당한 일곱 번의 린치 이야기를 신명나게(?) 들려준다. 너무 끔찍하고 가혹한 얘기지만, "지나서 하는 얘긴데……"로 시작되는 과장과 구라로 폭소를 유발하는 술자리 무용담처럼. 그는 새롭게 결성된 10대 폭력서클이 처음으로 거리에 나왔을 때 하필 그 길을 지나가고 있어서, 롤러장에서 한 여자애랑 손을 잡고 돌았는데 하필 그 여자애를 폭력서클의 일원이 짝사랑하고 있어서, 비디오가게에서 선배들에게 차례를 양보하지 않았다고 해서(선배들인지 알지도 못했는데!)…… 별 말 같지도 않은 이유로 몇 주씩 학교도 못 가고 병원에 입원할 만큼 흠씬 얻어맞는다. 경찰서에서 진술서를 자주 쓰다 보니, 논술교사 뺨치게 논리적인 형사의 지도로 글쓰기 실력도 부쩍 는다.

형사 아저씨(원주경찰서 소년계 소속)는 진술서 때문에 친해지게 되었다. 아저씨는 피해자 조서를 작성하기 전에 늘 나에게 진술서를 먼저 쓰게 했는데(그게 아저씨의 업무 스타일이었다), 그때마다 빨간색 사인펜을 들고 이런저런 교정을 해주었다.
"봐라. 이 문장은 주어가 '저는'인데 술어가 '때렸다'로 되잖니? 그러니 호응이 안 되는 거야. 그리고 '낯선 발자국 소리가 들렸다'가 아니고

'발걸음 소리'지."

　나는 아저씨 말을 묵묵히 듣기만 했다.

　"그리고, 이렇게 형용사 남발하지 말고, 간략하게 써. '매우 많이 맞았다' 하지 말고 '수십 차례 맞았다', 이게 더 구체적이잖아."

　아저씨의 문장 지도는 국어선생님에 비해 무척 구체적이었고, 그래서인지 아저씨의 말은 귀에 쏙쏙 들어왔다.

　이렇게 자주 폭행을 당하다 보니 폭력에 대한 공포와 정신적 내상이 생겨서, '나'는 한 번 맞고 나면 몇 달씩 집에만 틀어박혀 지낸다. 하지만 몇 달 지나면 또 까먹고 친구들과 어울려 다니기를 반복하다가 당구장에서 여덟 번째 린치를 당할 위기에 처한다. 2층 당구장에서 당구를 치다가, 스물한 대의 매 빚이 남아 있는 폭력서클 멤버 덕만이가 1층 입구로 들어오는 것을 목격한 것이다.

　이 위기상황에서, '나'는 결정을 해야만 했다. 이대로 또 무시무시한 덕만이에게 맞느냐, 도망을 가느냐? 하지만 도망갈 길도 숨을 데도 없었다. 화장실은 1층과 2층 사이 계단참에 있고, 당구장엔 창고나 내실도 하나 없다. '나'는 갈팡질팡 어쩔 줄을 모른다.

　그렇게 계속 갈팡질팡하다가…… 그러다가 나는 결국 덕만이를 처음 발견한 창가로 뛰어갔다. 방법은 그 수밖에 없는 것 같았다. 이층이니까, 그래도 이층이니까…… 착지만 잘한다면 맞는 것보단 그게 더 나을 거란 생각이 들었다. 그제야 친구들도 무언가를 눈치챘는지 우르르, 창가로 달려와 내 팔을 잡으려 했지만…… 나는 조금도 망설이지 않았다. 기껏해야 오 미터다. 스물한 대보다 더 나은 오 미터…… 그렇게 생각하자 어떤 의지가, 전에 없던 의지가, 나를 다그쳤다. 우연이 나를 찾아오기 전에 어서 빨리…… 폴짝, 나는 이층에서 뛰어내렸다.

'나'는 다행히 크게 다치지는 않았다. 뼈에 금이 가고 인대가 늘어나서 깁스를 했다. 하지만 결과적으로, '나'는 2층에서 뛰어내릴 필요가 없었다. 왜? 덕만이는 당구장에 올라오지 않았으니까. 덕만이는 당구장에 올라오려 한 게 아니라, 1층과 2층 사이에 있는 화장실에 간 거였다. 친구들은 놀려댔다.

"그러니까 결과적으로 덕만인 똥만 쌌을 뿐인데, 쟨 다리가 부러진 거야."

그렇다. 결과적으로 보면, 지나고 나서 보면, 주인공은 뛰어내릴 필요가 없었다. 괜히 2층에서 뛰어내려 다리만 다쳤다. 그 정도 다친 게 다행이지, 잘못했으면 큰 부상을 입거나 심지어 죽을 수도 있었다는 걸 감안하면, 2층에서 뛰어내린 건 무모하고도 미친 짓이었다.
하지만, 하지만 그 상황에서 어린 주인공이 할 수 있는 다른 일은 무엇이었을까? 혹시나 덕만이가 화장실에 가는 것일지도 모르니 의연하게 기다리기? 기다리다가 덕만이가 당구장에 들어오면 다시 한 번 온갖 모욕을 당하며 흠씬 두들겨맞기?

주인공에게는 폭력에 대한 공포와 정신적 내상이 있다. 그 상황에서 어린 그가 선택할 수 있는 건 2층에서 뛰어내리는 것밖에 없었다. 그러니까, 그러니까 그 상황에서는 주인공의 선택이 최선이었다. 지나고 나서 결과를 보면 너무나 어리석고 아무 짝에도 쓸데없는 일이었지만, 당시 그 상황에서는 그게 최선이었다. 지나고 나서 보니까, 다 지나고 나서 보니까 잘했네, 못했네, 이 말 저 말 말이 많은 것뿐이다.

뒷북이란 이런 거다. 그때 그 상황에서는 어쩔 수 없었는데, 지나고 나서 보니 후회와 미련, 자신의 어리석음에 대한 통탄이 남는 것. 시 제목처럼 '지금 알고 있는 걸 그때도 알았더라면' 얼마나 좋았을까? 헤어지고 나서 깨달은 지혜를 연애할 때 알았더라면 얼마나 좋았을까? 그 사이코 같은 놈의 본성을 엮이기 전에 간파했더라면 얼마나 좋았을까? 인생에는 방학이 없다는 걸 학생 때 깨닫고 그 금쪽같은 방학을 하루하루 소중하게 보냈더라면 얼마나 좋았을까? 주가가 폭락할 걸 미리 알고 주식을 처분했더라면 얼마나 좋았을까?

하지만 이건 모두, 지나고 나서 하는 말들일 뿐이다. 그 순간엔 몰랐는데, 안 보였는데, 다른 길이 없었는데…… 지나고 나서 결과를 가지고 이러니저러니 백날을 떠들어본들, 뭐가 어떻게 달라지겠는가.

"그러니까 결과적으로 덕만이 똥만 쌌을 뿐인데, 쟨 다리가 부러진 거야"라는 놀림을 받는 어린 주인공을 보면서 생각했다. 그 친구들의 놀림이 나 자신의 끊임없는 자학처럼 귓전을 울렸다. 왜 그랬을까? 정말 왜 그랬을까? 도대체 왜 그런 쓸데없는 짓을 했을까? 그런데, 그런데…… 이제 와서 뭐 어쩌라고? 벌써 지나간 일, 뭘 어쩌라고? 내가 그때 이렇게 될 줄 알았느냐고?

　인생은 언제나, 뒷북이다. 뒷북이 인생이고, 인생이 뒷북이다. 그러므로 뒷북을 피할 수는 없다. 하지만 이제, 뒷북을 칠 때 자학은 좀 최소화해야겠다.

　이제 와서 결과만 가지고 그때의 결정을 비난해서 뭐 어쩌겠냐고. 그때는 이렇게 될 줄 몰랐는데, 결과가 나온 지금의 척도로 과거의 나를 비난하는 건 공평하지 않잖아. 스포츠 중계 재방송을 보면서 잘난 척하는 거랑 다를 바가 없잖아. 물론 반성할 점도 많지만, 반성할 건 반성하고 넘어가야 하지만, 그때는 그게 최선이었고 다른 선택이 없었던 일도 많잖아.

　그러니 자꾸, 자학하지 말자. 뒷북 인생에 대한 명시, 류근의 〈셀라비〉를 나누며 이 글을 마친다. 인생은 언제나, 뒷북!

셀라비

불 꺼진 술집에 매달려 문 두드리는 술꾼처럼
재혼한 옛 부인 찾아가 그 낯선 갓난아기 앞에서
훌쩍훌쩍 울음을 쏟아내는 실직자처럼
계산 끝나자 얼굴조차 까맣게 지워버린 술집 여자에게
밤마다 편지를 쓰는 시인 아무개처럼

인생이란 그런 것이다

깨달았을 땐 이미 늦은 것이다

미리 우산 들고 외출했다가

막상 비가 내리면 택시에 우산 두고 내리는 사람처럼

선잠 깨고 일어나서 부리나케 등교하던 일요일 오후처럼

죽은 나무에 물 주는 내 수상한 집념처럼

_ 류근, 《상처적 체질》(문학과지성사)

혼자 술 마시기 편한
단골집 하나는
만들어뒀니?

작년(2011) 일본 출장 때, 한 허름한 술집에서 메뉴에도 없는 '명란젓 스테이크'를 시켰다. '미디엄'으로 구워달라고. 주인아저씨는 당황해서 그런 건 없다고 했고, 난《심야식당》에 나오던데 꼭 한번 먹어보고 싶으니까 명란젓이 있으면 좀 구워달라고 부탁했다.

50대 후반의 주인아저씨는 어리둥절한 표정으로《심야식당》이 뭐냐고 물었고, 난 밤 12시부터 아침 7시까지 하는 '심야식당'이 배경인 일본 만화인데 드라마로도 만들어졌고, 한국에서도 인기가 많다고 대답했다. 그제야 주인아저씨는 한밤중에 명란젓을 구워달라는 엉뚱한 손님의 주문을 받아줬고, 난 먹음직하게 구워진 명란젓을 안주로 얼음을 넣은 고구마소주를 한 잔 마셨다.

'심야식당'의 주인장은 변변한 메뉴판 하나 없이 그냥 손님들이 만들어달라는 음식을 해준다. 재료가 있는 범위 안에서. 어렵고 대단한 요리가 아닌 빨간 비엔나소시지, 어제의 카레(어제 만들어서 냉장고에 하루 재운 카레를 따뜻한 밥 위에 얹어 먹는 가정식), 구운 김, 나폴리탄 스파게티, 계란프라이를 얹은 야키소바, 포테이토 샐러드 같은 소박하고 소소한 음식들이다.

《심야식당》을 읽고 있노라면, 이 음식들은 왕성한 식욕뿐만 아니라 음식에 얽힌 소소한 기억과 향수를 자극한다. 고로, 출출한 시간에 《심야식당》을 읽는 건 매우 치명적인 일이다. 특히 매일매일 다이어트를 결심하는 나 같은 사람들에겐. 이 책을 읽다가 한밤중에 편의점에 달려가 비엔나소시지를 사오기도 했고, 계란프라이를 얹은 야키소바를 직접 만들어보기도 했다.

이렇게 《심야식당》에 심취한 건 나뿐만이 아니었다. 한동안 이 만화는 젊은 직장인들 사이에서 신드롬을 일으켰다. 왜일까?

'심야식당'은 50대 남자 주인장이 혼자 하는 허름하고 작은 식당이다. 알려진 맛집이 아니라 오랜 단골들이 늦은 퇴근길에 한잔 걸치러 들르는 곳이다. 평범한 회사원부터 영화배우, 점쟁이, 만담가, 스트리퍼에 이르기까지 다양한 인간군상이 좁은 공간에 옹기종기 모여앉아 술을 마시고 밥을 먹는다. 이 공간에서만큼은 모두가 평등하다. 저마다 한 자리를 차지할 뿐이다.

손님들은 저마다 주문하는 음식에 얽힌 사연이 있다. 주로 혼자 오는 그들은 사연이 있는 음식을 먹으면서 시원한 맥주나 잔술을 한두 잔씩 마신다. 늦은 퇴근길에 이런 술 한 잔이 얼마나 위안이 되는지, 아는 사람은 안다. 백 마디의 말보다 술 한 잔이 주는 코끝 찡한 위로.

거의 모든 직장인이 피로를 달고 산다. 물론 영양제 광고모델들처럼 철저한 자기관리로 하루종일 활력이 넘치는, 피로가 뭔지 모르고 사는 사람들도 있을 것이다. 하지만 대부분의 평범한 직장인들에게 피로와 스트레스는 이메일과 핸드폰처럼 일상적인 것이다. 일요일 밤이 되면(특히 〈개그콘서트〉가 끝나갈 시간이면) 가슴이 답답해지고, 월요일에는 어김없이 월요병에 시달리며, 목요일에는 일주일의 피로가 극에 달하고, '불금(불타는 금요일)'이라 불리는 금요일에는 너무나 기뻐 콧노래가 나온다.

정말 눈코 뜰 새 없이 바쁠 때, 할 일이 너무 많아서 도대체 뭘 먼저 해야 될지 모를 때, 마음은 종종거리는데 몸이 따라주지 않을 때, 아등바등 한다고 하는데 제대로 되는 일이 없을 때, 납기는 다가오는데 도무지 진도가 안 나갈 때…… 핸드폰을 꺼버리고 도망가고 싶은 충동을 느끼기도 한다.

그러면서도 동시에 내게 주어진 일이 있음에, 매일매일 출근할 직장이 있음에 안도하는 직장인들. 그들 중 한 명인 나는 가끔 늦은 퇴근길에 마시는 술 한 잔을 좋아한다. 특히 한겨울에 추위로 얼어붙은 두 손으로 뜨거운 잔을 감싸쥐고 호호 불며 마시는 데운 정종 한 잔을. 그 온기에 온몸이 따뜻해지면서 뭉친 스트레스가 흐물흐물 녹아내리는 것 같다.

술을 마시지 않는 사람들에게 "피곤하니까 한잔한다"는 말은 "사랑하니까 헤어진다"는 말처럼 설명하기 어려운 말이다. "도대체 사랑하는데 왜 헤어져? 그게 말이 돼?"라고 물으면 할 말이 없듯이, "피곤하면 들어가서 일찍 자야지. 피곤해서 술을 마신다는 게 말이 돼?"라고 물으면 할 말이 없다.

하지만 아는 사람은 안다. 하루종일 소처럼 일만 하고 그냥 들어가서 자기에는 억울한 심정을. 소소한 즐거움이, 약간의 위로가, 긴장을 풀고 한잔할 수 있는 편안한 공간과 잠시의 시간이 필요하다. 이마저도 없다면, 종일 일에 쫓겨다니다가 바로 뻗어 잔다면…… 하루가 증발해버리는 것 같다. 달력에서 그냥 하루가 없어지는 느낌. 가습기가 뿜어내는 수증기처럼 지친 영혼도 조금씩조금씩 보이지 않게 증발하는 것 같다.

늦은 퇴근길에 집으로 가지 않고 '심야식당'으로 발길을 돌리는 손님들, 현실세계에 그런 심야식당은 없지만《심야식당》을 읽으며 대리만족을 느끼는 독자들, 모두 비슷한 심정 아닐까?

적어도 나에겐 약간의 위로와 휴식, 소소한 즐거움이 필요하다. 그냥 쓰러져 자기는 너무 억울하니까. 빡세고 힘들었던 하루를 뒤돌아보며 시시한 농담을 할 수 있는 시간이 필요하다. 마음 맞는 동료와 함께 먹는, 토마토케첩을 듬뿍 뿌린 계란말이와 소주 한 잔이 얼마나 귀한 음식인지, 아는 사람은 안다.

《심야식당》에서처럼 먹고 싶은 음식을 척척 만들어주는 주인장이 있으면 더욱 좋겠지만, 없으면 없는 대로 내겐 '참새방앗간'과도 같은 몇몇 단골집이 있다. 한여름에 마시는 시원한 맥주 한 잔, 한겨울에 마시는 뜨거운 정종 한 잔, 열받아서 마시는 쓰디쓴 소주 한 잔, 가끔씩 우아하게 마시는 상큼한 화이트와인 한 잔…… 그리고 다이어트는 항상 내일부터!

미련을
책임감이라고
착각하고
있지는 않니?

얼마 전, 후배 책상에 《어린 왕자》가 살포시 놓여 있었다. 숫자를 맹신하고 뭐든 숫자로 설명해야 이해하는 어른들을 풍자하는《어린 왕자》를 숫자로 모든 것을 말해야 하는 사무실에서 보니 기분이 묘했다.

어느 회사나 영업사원은 실적이 인격이다. 백 마디 미사여구보다 '계획 대비 ○○○퍼센트 달성', 이 한 마디로 모든 것이 설명된다. 실적이 나쁜 영업사원은 각종 '대책보고서'를 작성하느라 분주하지만, 실적이 좋으면 아무것도 구질구질하게 설명할 필요가 없다. 숫자가 모든 것을 말해주니까.

그날 퇴근해서 아주 오랜만에 《어린 왕자》를 다시 읽었다. 어느 책이나 그렇지만, 이 책은 특히 읽을 때마다 느낌이 다르다. 고등학생 시절 읽었을 때는 그저 아름다운 동화였는데, 대학생이 되어 읽었을 때는 '관계의 개별성'에 대한 철학책 같았고, 신입사원으로 읽었을 때는 인간의 탐욕과 어리석은 집착을 조롱하는 게 통쾌했다. 그리고 이번에 다시 읽으면서는 '길들임'과 '관계'에 대해 여우가 말해주지 않은 한 가지를 발견했다.

여우가 어린 왕자에게 '길들임'에 대해 말하는 이 구절은 아마도 《어린 왕자》에서 가장 많이 알려지고 빈번하게 인용되는 부분일 거다.

"그럼 비밀을 가르쳐줄게. 아주 간단한 거야. 오직 마음으로 보아야 잘 보인다는 거야. 가장 중요한 건 눈에 보이지 않아."

"가장 중요한 건 눈에 보이지 않아." 잘 기억해두기 위해서 어린 왕자가 되뇌었다.

"네 장미꽃이 그토록 소중하게 된 것은 네가 네 장미꽃을 위해서 소비한 시간 때문이야."

"내가 내 장미꽃을 위해서 소비한 시간 때문이야……." 잘 기억해두기 위해서 어린 왕자가 되뇌었다.

"사람들은 이 진실을 잊어버렸어." 여우가 말했다. "하지만 넌 그걸 잊으면 안 돼. 네가 길들인 것에 대해서 너는 영원히 책임이 있는 거야. 너는 네 장미꽃에 대해 책임이 있어."

"나는 내 장미꽃에 대해 책임이 있어." 잘 기억해두기 위해서 어린 왕자가 되뇌었다.

바로 이 부분을, 나와 내 친구들은 어린 시절 같이 읽으며 어린 왕자가 여우의 말을 따라하듯 되뇌었다. 그리고 세뇌되었다. 내 장미꽃이 그토록 소중하게 된 건 내가 소비한 '시간' 때문이라고. 내가 길들인 것에 대해서 나는 '영원히' 책임이 있다고.

물론 좋은 말이다. 좋은 관계는 시간과 정성과 상호 보살핌과 인내의 결실이고, 인간관계에는 책임이 필요하다. 하지만 항상 그럴까? 누군가에게 엄청난 시간과 정성을 쏟아부었다고 해서, 누군가와 청춘의 한 자락을 함께 보냈다고 해서…… 그게 아까워서 아니란 걸 알면서도 그 관계를 계속 이어간다는 건 어리석은 일이다. 이게 바로 매몰비용의 함정, 매몰비용에 대한 집착이다.

'매몰비용(sunk costs)'이란 무엇일까? 위키피디아는 이 경제용어를 이렇듯 명쾌하게 설명한다.

매몰비용이란 이미 지출되었기 때문에 회수가 불가능한 비용을 말한다. 물건이 깊은 물속에 가라앉아버리면 다시 건질 수 없듯이 과거 속으로 가라앉아 현재 다시 쓸 수 없는 비용이라는 뜻이다. 경제학에 있어 매몰비용은, 이미 지출되었기 때문에 합리적인 선택을 할 때 고려되어서는 안 되는 비용이다.

여우는 어린 왕자의 장미꽃이 소중하게 된 건 어린 왕자가 그동안 장미꽃을 위해 소비한 시간 때문이라고 했지만, 그 시간은 이미 과거에 집행된, 회수 불가능한 매몰비용이다. 즉, 그동안 함께 보낸 시간이 아까워서 아닌 줄 알면서도 누군가를 떠나지 못한다면, 매일매일 시간이라는 비용이 계속 누적돼서 눈덩이처럼, 대책없는 사채이자처럼 불어날 뿐이다.

난 서로 물과 기름, 전갈과 개구리처럼 함께할 수 없다는 걸 알면서도, 또는 더 이상 사랑하지 않거나 상대방에게 극복할 수 없는 문제가 있는 줄 알면서도, 그동안 함께 보낸 시간이 아까워서 헤어지지 못하는 연인들을 많이 봤다. 그동안 함께 보낸 시간, 함께 보내며 쓴 천문학적인 돈, 그(그녀)를 위해 흘린 눈물, 그(그녀)와 싸우고 뜬눈으로 새운 수많은 밤, 그(그녀)를 위해 내 욕망을 포기해가면서 기꺼이 감수했던 희생, 연애에 몰두하느라 다른 일은 아무것도 못했다는 억울함, 남 주기는 아까운 그(그녀)의 알량한 조건들, 이제 헤어지면 또 다른 사람을 만날 수 있을까 하는 불안감…… 때문에 이러지도 저러지도 못하고 서로를 맴도는 연인들을 많이 봤다. 리쌍의 노래 〈헤어지지 못하는 여자, 떠나가지 못하는 남자〉처럼.

하지만, 아닌 건 아닌 거다. 연애할 때 바람을 피우거나 폭력을 일삼는 남자는 결혼해도 달라지지 않는다. 여자의 낭비벽이나 의부증에 가까운 의심과 집착도 마찬가지다. 서로 노력한다고 해결될 일이 아니다. 대오각성, 개과천선…… 이런 말들은 현실이 아닌 국어시험에나 나오는 말이다.

얼마 안 남은 치약튜브를 쥐어짜 쓰다 보면 오늘이 마지막 같은 날이 있다. '오늘 짜낸 이게 마지막이겠군. 하긴 그만큼 쥐어짰으니 이제 더 나올 것도 없을 거야.' 그런데 다음 날 아침 방향을 바꿔 한 번 더 짜면 또 나온다. 저녁에 치약 사는 걸 까먹고 들어와서 한 번 더 비틀어 짜면 또 나온다. 하지만 그것도 한두 번이다. 튜브 속 치약의 양은 한정되어 있고, 그 양이 소진되면 아무리 힘을 줘도, 아무리 방향을 바꿔서 비틀어도 더 이상 나오지 않는다.

'아닌 관계'도 이런 치약 같은 게 아닐까? 억지로 노력하고, 쥐어짜고, 참고 또 참으면 관계가 한동안은 유지될지도 모른다. 하지만 언제가 됐든 그 관계는 결국 끝난다. 꼭 남녀 사이가 아니더라도 세상에는 이런 관계들이 있는 것 같다.

관계에 대한 책임감, 책임감에 대한 강박, '좋은 사람 콤플렉스'로 스스로를 괴롭히는 사람이 너무나 많다. 더 이상 사랑하지도 신뢰하지도 않는 연인과 헤어지지 못하는 이유가 '미안해서'라는 사람도 몇 명이나 봤다. 자신이 행복하지 않은데 죄책감은 무슨 얼어죽을, 개뿔!

내 경우, 썩 달갑지 않은, 그다지 만나고 싶지 않은 고등학교 동창한테 전화가 와도 거절을 못해서 만나곤 했다. 그렇게 시간 쓰고 돈 쓰고, "너 올해는 결혼해야 될 텐데. 여자가 아무리 잘나면 뭐 하니, 더 늦기 전에 좋은 사람 만나야지. 부모님이 얼마나 걱정하시겠니?" 같은 테러를 당하고 혼자 끙끙 앓곤 했다. 그렇게 스트레스를 겪고도 다음에 또 만나자고 전화가 오면, '그래도 한때 친했던 친군데!' 하며 또 거절을 못해서 나가고, 또 스트레스를 받고 만난 걸 후회하는 일이 한동안 되풀이됐다.

그때 깨달았다. 그동안 함께 보낸 추억과 시간도 소중하지만, 현재의 내 행복과 시간이 더 소중하다는 것을. '죽마고우'를 지키는 것도 중요하지만, 그 만남이 내게 참기 힘든 스트레스로 느껴진다면 더 이상 만날 필요가 없다는 것을. 함께 있으면 즐거운 사람들을 만나기에도 인생은 짧다는 것을. 시간이 있다면 사랑하는 사람들을 한 번이라도 더 봐야 한다는 것을.

여우는 "네가 길들인 것에 대해서 너는 영원히 책임이 있는 거야"라고 말했지만, 지나친 책임감도 병이다. 행복을 망가뜨리는 병. 여기저기 휩쓸려 행복을 망가뜨리지 않기 위해서는 지나친 책임감도 병이라는 걸 깨달아야 한다. 다정도 병인 것을 깨달은 선조들처럼 말이다. 다음은 고려시대 문신 이조년의 아름다운 시조 〈다정가(多情歌)〉다.

이화(梨花)에 월백(月白)하고 은한(銀漢)이 삼경(三更)인 제
일지춘심(一枝春心)을 자규(子規)야 알랴마는
다정(多情)도 병(病)인 양하여 잠 못 드러 하노라

여우가 말해주지 않은 한 가지, 지나친 책임감도 병이다.

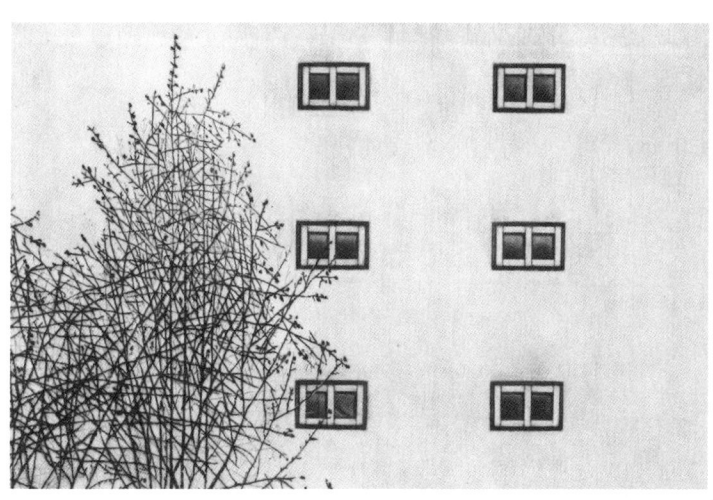

혼자라도
'하우스'가 아닌
'홈'에 살기를

몇 년 전 "짬뽕나!"라는 유행어를 히트시킨 〈주연아〉라는 개그 코너가 있었다.

"열라 짬뽕나!"

"몇 그릇?"

"100그릇!"

그 코너를 보면서 생각했다. 만약 이 프로그램을 해외로 수출한다면, 어떻게 번역을 하지? '짬뽕'을 도대체 어떻게 번역할 것인가? "여기 짜장 하나, 짬뽕 하나요!" 할 때 짬뽕은 'spicy noodle in hot soup'라고 한다 치더라도, 이런 중의적인 표현은 뭐라고 옮길 것인가? 외국인들이 '짬뽕 100그릇'이 짜증의 정도라는 걸 도대체 어떻게 이해할 수 있을까?

아무리 외국어를 잘해도 코미디를 이해하기는 어렵다. 이런 식의 중의적 표현, 말장난, 그 나라만의 또는 그 나라의 특정한 지역과 계층의 은어들을 모르면 이해할 수 없기 때문이다. 사회적·문화적 배경과 맥락을 모르면 도저히 이해할 수 없는 말이 이 세상에는 참, 많다.

20세기 후반에서 21세기 초반 한국의 '고시원'이 바로 그 대표적인 예다. 예전에, 아주 오래전에 고시원은 입신양명을 목표로 고시생들이 사법고시·행정고시·외무고시 등 살벌한 국가고시를 풍운을 걸고 준비하는 곳이었다. 하지만 언젠가부터 고시원은 '보증금 없는 저렴한 원룸'과 동일어가 되었다.

네이버에 '고시원'으로 검색을 하면 이런 연관검색어들이 뜬다. 고시텔, 원룸텔, 무보증원룸…… 뭐라 번역할 방법이 없다. 네이버 영어사전 예문을 보면 'Gosiwon fire accident'가 나온다.

뭐라고 번역할 말도 마땅치 않고, 보증금은 없고 원룸보다 월세는 훨씬 싸지만 좁고 작고 답답하고, '안전'이나 '방음'과는 상당한 거리를 유지하며 툭하면 '화재사고'로 뉴스에 나오는 곳. 그곳이 바로 20세기 후반에서 21세기 초반 한국의 고시원이다.

'높고 높은 하늘이라 말들 하지만' 그 못지않게 높은 물가, 천문학적인 전셋값과 비싼 월세, 높은 취업의 벽과 실업률 속에 기러기아빠, 식당일을 하는 조선족 아주머니, 집 떠난 대학생, 박봉의 회사원, 실업자나 취업준비생, 편의점이나 호프집에서 알바를 하는 청춘들…… 수많은 사람이 고시원에서 살고 있다.

그리고 바로 그 '고시원'은 20세기 후반에서 21세기 초반 '한국소설'의 주요 배경이기도 하다. 많은 소설 속에 고시원에서 생활하는, 이리 치이고 저리 치여 고시원밖에는 발 뻗을 곳이 없는 가난한 청춘들이 등장한다. 그중 대표적인 작품이(물론 내가 생각하기에) 박민규의 〈갑을고시원 체류기〉다.

1991년, 그러니까 '서태지와 아이들'이 데뷔하기 1년 전, 주인공

'나'는 아버지 사업이 부도나 집은 날아가고 가족들은 뿔뿔이 흩어진다. 대학생인 주인공은 친구네 집에 몇 달 얹혀살다가, 친구 어머니가 눈치를 주자 무작정 짐을 싸서 나온다.

가진 돈이라고는 형에게 받은 30만 원이 전부. 도서관에 죽치고 앉아 생활정보지들을 뒤진 끝에 찾은 가장 싼 숙소가 바로 갑을고시원. 월 9만 원, 식사 제공. 고시원이 고시를 준비하는 곳인 줄로만 알았던 '나'는 혹시라도 신분을 물어보면 고시생이라고 대답할 각오를 하며 조심스레 고시원으로 향한다.

빈 방이 하나뿐이에요. 방의 키를 따며 주인이 속삭였다. 내일도 누가 와서 본다고 하는데, 먼저 예약하신 분이 있다고 말해버렸지 뭐야. 참, 그리고 보면 방 임자는 따로 있는 거라니까. 그리고, 갑자기 말이 많아진 주인이 문을 여는 순간 - 우리는 정말이지 기겁을 했다. 그것은 방(房)이라고 하기보다는, 관(棺)이라고 불러야 할 사이즈의 공간이었기 때문이다. 망연자실, 나는 두 발꿈치를 바닥에 내려놓았다.

요약하자면, 도저히 다리를 뻗을 수 없는 공간에 책상과 의자가 놓여 있다. 그곳에서 공부를 한다. 그러다 졸음이 온다. 자야겠다. 그러면 의자를 빼서 책상 위에 올려놓는다. 앗, 책상 아래에 이토록 드넓은 공간이(방의 넓이를 고려할 때 참으로 드넓은 공간이다 말 힐 수 있다)! 그 속으로 다리를 뻗고 눕는다. 잔다 - 였다.

이사를 도와준 친구는 "여기서 사람이 살 수 있을까?"라는 말을 남기고 떠났지만, 갑을고시원도 사람 사는 곳. 남자들은 서로 마주치면 눈을 피하지만, 여자들은 그 좁은 방에 두셋이 모여 같이 밥을 먹기도 하고 웃기도 한다.

의외로 씩씩한 것은 여자들이었다. 세면장 겸 화장실에서 마주쳐도 여자들은 언제나 당당했고 자신의 볼일을 척척 다 보고, 서로의 방을 오가며 소곤소곤 환담을 나누기도 하고, 함께 장을 보러 가는가 하면, 그 좁은 옥탑방에서 몇몇이 어울려 즐겁게 식사를 하고, 웃기까지 하는 것이었다. 아니, 웃었다! 옥상에 나와 담배를 피던 나는 하마터면 소리를 지를 뻔했다. 그곳에서 〈웃는다〉는 것은, 그만큼이나 희귀한 일이었다.

업소의 여급임이 분명할 그녀들의 웃음소리를 들으며, 나는 그래도 이 세상을 유지하고 있는 건 여자들이 아닐까, 라는 생각을 했다. 건강한 것은 여자들이다. 과연 남자들만의 세상이란 - 생각만 해도 부끄러운 것이었다. 서로가, 서로의 낯을 쳐다볼 수 없을 만큼이나, 말이다. 쟁쟁쟁쟁 매미들이 목놓아 우는 소리가 또다시 들려왔다.

말이 벽이지, 얇은 베니어판으로 둘러싸인 좁은 방에 사는 주인공은 방귀나 재채기 같은 생리현상도 조심해야 한다. 옆방에 그대로 다 들리니까. 하지만 '나'에게 가장 견디기 힘든 건 좁아터진 방에서 자는 쪽잠도, 옆방 사람의 신경질도, 휴지 없는 공용화장실도 아니다. 제일 견디기 힘든 건, 외로움이다.

그 한 달이 가장 힘들고 외로웠던 시기였다. 계절이 봄이란 이유로 히터를 전혀 가동하지 않았으므로, 실제 방 안의 체감온도는 몹시도 추운 편이었다. 그리고 나는 늘 혼자였다. 그 좁고, 외롭고, 정숙하고, 정숙해야만 하는 방 안에서 - 나는 웅크리고, 견디고, 참고, 침묵했고, 그러던 어느 날

인간은 결국 혼자라는 사실과, 이 세상은 혼자만 사는 게 아니란 사실을 - 동시에, 뼈저리게 느끼게 되었다. 모순 같은 말이지만 지금도 나는 그렇게 믿고 있다. 즉, 어쩌면 인간은 - 혼자서 세상을 사는 게 아니기 때문에, 혼자인 게 아닐까.

'인간은 혼자서 세상을 사는 게 아니기 때문에, 혼자인 게 아닐까.' 언뜻 말장난 같지만 난 대체로, 이 말에, 공감한다. 밀폐된 공간보다 북적북적한 곳에 혼자 있을 때 더 외롭다. 집에서 혼자 먹을 때보다 떠들썩한 식당에서 혼자 먹을 때 더 외롭다. 침대에 엎드려 노트북으로 영화를 볼 때보다 극장에서 혼자 볼 때 더 외롭다. 평일보다는 주말에, 평소보다는 크리스마스나 연말 같은 들썩거리는 시기에 혼자 있으면 더 외롭다. 세상은 모두 쌍쌍이 또는 가족 단위로 삼삼오오 움직이는 것 같은데, 그런데 나는 혼자인 것 같을 때 더 외롭다.

하물며 1센티미터 두께의 베니어판을 사이에 두고 다닥다닥 붙은

관 같은 방에 혼자 웅크리고 있다는 건, 옆방 사람 코고는 소리, 뒤척이는 소리까지 다 들리는데 막상 이야기를 나눌 사람은 아무도 없다는 건, 얼마나 소름끼치게 외로운 일일까?

일본에 가면 독서실처럼 일렬로 된 긴 바에 칸막이가 있는 라멘집이 많다. 혼자 온 사람들이 일렬로 주욱 늘어앉아 라멘을 먹는다. 후루룩~ 후루룩~ 옆사람이 면을 넘기는 소리는 들리지만 얼굴은 보이지 않는다. 다행히 혼자 먹는 내 얼굴도 옆사람에게 보이지 않는다. 다닥다닥 붙어앉아서 함께 먹지만 얇은 칸막이 사이로 혼자 먹는다. 고개를 숙이고 묵묵히, 바쁘게 젓가락질을 한다. 후루룩~ 후루룩~.

도쿄 간다의 한 라멘집에서 혼자 라멘을 먹다가 '갑을고시원'이 생각났다. 얇은 베니어판을 사이에 두고 혼자인 사람들, 칸막이 사이에 앉은 채로 덜컥, 외로웠다. 세상에는 어쩌면 이렇게, 외로운 사람이 많은 걸까? 마침 비가 내렸고, 난 별맛없는 라멘을 반쯤 남기고 나와 하네다공항으로 향했다.

출장을 마치고 귀국할 때면 텅 빈 오피스텔에 들어가기가 싫어서 괜스레 우울해지곤 한다. 비밀번호를 누르고 문을 열면 한동안 환기되지 않은 밀폐된 공간의 텁텁한 공기, 초겨울 진눈깨비처럼 얇게 쌓여 있는 먼지, 그리고 세상의 끝에 온 것 같은 깊은 정적.

겨울이면 한동안 온기가 없었던 공간은 말 그대로 냉방(冷房)이다. 보일러를 틀고 온기가 돌 때까지 외투를 입은 채 떨면서 기다린다. 장갑 낀 손으로 트렁크를 열고 한 무더기의 빨래를 꺼내서 세탁기에 넣는다. 물론, 냉장고는 캔맥주 몇 개와 생수 몇 병밖에는 아무것도 없이 텅, 비어 있다.

버트 배커랙(Burt Bacharach)은 노래했다. "A House is not a Home." 난 고시원에 비하면 너무나 광활한 오피스텔에 살고 있다. 하지만 출장 일정을 마치고 오피스텔 앞에 서면 '내 방, 내 침대보다 편한 데는 없어!' 하는 안도감보다는, 비밀번호를 누르고 손잡이를 돌려 문을 여는 그 단순한 행위가 버겁게 느껴질 때가 있다. 말도 안 되는 엄살이지만, 어떨 때는 피켈 하나만 들고 가파른 빙벽 앞에 홀로 선 산악인의 고독을 이해할 수 있을 것 같다.

혼자 살지 않더라도 '집'에 들어가기 싫어서 퇴근 후 쓸데없이 술을 마시며 2차, 3차를 전전하는 사람도 많다. 어쩌면 혼자 사는 것보다 마주하기 싫거나 힘든 누군가와 같은 공간에 사는 게 더 도망치고 싶을 만큼 절망적이고 외로울지도 모른다.

혼자 살건 둘이 살건 대가족이 모여 살건, 사설 경비업체가 특별 관리하는 대저택에 살건 초현실적으로 비싼 초호화 초대형 주상복합에 살건, 옥탑방에 살건 반지하에 살건, 오피스텔에 살건 고시원에 살건…… 집에 들어가기 싫다면 '홈'이 아닌 '하우스'에 살고 있는 게 아닐까? 집에 들어갈 생각에 우울해진다면, 집에 들어가기 싫어서 기절할 만큼 피곤한데도 하릴없이 2차, 3차를 외지고 있다면.

'하우스'가 아닌 '홈'에 살기를 원한다. 여행을 떠나면 그리워지는 그런 '홈'에 살기를 원한다. 언제까지나 머물고 싶은 연인의 아늑하고 포근한 품처럼, 한번 앉으면 일어나기 싫은 따뜻한 아랫목처럼, 들어가면 나오기 싫은 그런 '홈'에 살기를 원한다. 나도, 그리고 당신도. 버트 배커랙의 노래처럼, Turn your House into a Home!

쓰레기 분리수거를
같이 할 사람을
만나고 싶지 않니?

배우 차승원을 좋아한다. 그래서 그가 나오는 드라마는 거의 다 본다. 재방송이나 다시보기도 아니고 본방 사수! 특히 차승원과 김선아가 같이 나온 2009년 드라마 〈시티홀〉을 좋아한다. 리얼하고 일상적인 대사들이 마음에 꽂혔다. 아직도 이 장면을 기억한다. 둘이 헤어졌다가 다시 만났을 때, 조국(차승원)은 미래(김선아)에게 묻는다.

조국 : 점심 뭐 먹었어요? 누구랑? 난 김밥 먹었는데.

미래 : 댁이 뭘 먹든 관심없어.

조국 : 퇴근한 건가? 퇴근하면 뭐 해요?

미래 : 나 가지고 노니까 재밌니?

조국 : 비 오나? 빗소리 들리나? 뭐 타고 왔어요?

미래 : 나 가지고 노니까 재밌냐고!!!

조국 : 비도 오는데 뭐 따뜻한 거 마실래요?

미래 : 그만 못해? 낡은 티 한 장을 버려도…… 그 옷 입고 어디 갔지? 그 옷 입고 누구 만났지? 며칠은 헛헛한 법이야. 근데 넌 뭐 이렇게 덤덤해? 세상에서 죽어라 해도 어떻게 안 되는 게 뭔 줄 알아? 누군가에게 가는 마음이야. 더 죽어라 애써도 안 되는 게 뭔 줄 알아? 누군가에게 가

서 오지 않는 마음이야. 혹시나혹시나 했던 마음까지 다 뽀개버리니 이제 속시원하냐, 이 나쁜 놈아!

(미래가 화를 내고 나가버리자 조국이 혼잣말을 한다.)

조국 : 진짜 궁금한데…… 누구랑 뭐 먹나, 퇴근 후에 뭐 하나.

아…… 이 장면, 정말 사랑한다. 무슨 연기학원 다니는 입시생이라도 된 것처럼 대사를 거의 외워버렸다. 누군가를 사랑하면 정말 이렇다. 대단한 게 궁금한 게 아니라, 정말 일상적이고 소소한 일들이 궁금하다. 날씨 추운데 옷은 따뜻하게 입고 나왔는지, 아침은 우유 한 잔이라도 마셨는지, 지각은 안 했는지, 점심은 뭘 먹었는지, 누구랑 먹었는지, 어제 술 많이 마셨는데 해장될 만한 음식을 먹었는지, 속은 괜찮은지…… 이런 게 너무나 궁금하다.

헤어진 연인을 마주쳤는데 이런 일상적인 질문을 하면 미래처럼 오해할 수 있다. 어떻게 넌 그렇게 편하고 무덤덤하냐고, 그런 것밖에 할 말이 없냐고. 하지만 난 이해한다, 이 남자의 마음을. 진짜 궁금하고 걱정되는 그 심정을.

연애란 게 이런 거다. 밀고 당기고, 고백도 주고받고, 더러 이벤트가 있기도 하지만, 연애도 결국은 일상이다. 생활인으로서 서로의 일상을 공유하는 것. 서로의 일상을 걱정하고 챙겨주는 것. 서로의 일상 안으로 들어가고 싶어 하는 것. 그래서 나 자신이 사랑하는 사람의 일상이 되는 것. 매일 먹는 밥처럼, 매일 쓰는 핸드폰이나 노트북처럼, 상대방에게 없어서는 안 될 중요한 존재가 되는 것. 그런 게, 연애다. 그래서 불륜이 괴로운 거다. 사랑하는 사람의 일상이 아닌 비밀이 되어야 하니까. 일상을 나누는 그 소소한 기쁨을 누리지 못하니까.

프랑스 소설가 안나 가발다(Anna Gavalda)의 《나는 그녀를 사랑했네》는 떠난 남자와 버림받은 여자, 떠나고 싶었지만 용기가 없어서 떠나지 못하고 사랑하는 여자를 떠나보낸 남자의 이야기다.

작가소개에 항상 '키 크고 늘씬한 금발 미녀'라는 수식어가 따라붙는 젊은 소설가 안나 가발다는 프랑스에서 책이 가장 잘 팔리는 베스트셀러 작가 중 한 명이다. 이야기의 기본구조는 불륜이 단골소재인 아침드라마와 크게 다를 바 없다. 한 여자가 남편에게 버림을 받는다. 남편은 새로운 사랑을 찾아 떠나고, 어린 두 딸과 함께 남겨진 여자는 슬픔과 분노에 빠진다. 이 여자의 시아버지, 그러니까 배신한 남편의 아버지는 며느리를 위로하기 위해 며느리와 손녀들을 시골 별장에 데리고 간다. 그리고 평생 비밀로 간직했던 자신의 얘기를 들려준다.

> 아주 한참 만에 시아버지가 말문을 열었다.
> "나 말이다, 내가 더 용기가 있었더라면, 네가 말하는 그런 사람이 되지 않았을지도 몰라……."
> "무슨 말씀이세요?"
> 나는 그렇게 대답한 게 벌써 후회가 되었다. 시아버지의 그 짜증스런 성격에 대해서는 더 이상 말하고 싶지 않았다. 나는 시아버지가 나를 그냥 가만히 내버려두기를 바랐다.

"우리는 언제나 남아 있는 사람들의 슬픔에 대해서만 말하지. 하지만 떠나는 사람들의 괴로움에 대해서 생각해 본 적 있니?"

에고 맙소사, 이 바보 같은 노인네가 또다시 자기 이론으로 내 머리를 아프게 할 모양이군, 하고 나는 생각했다.

나는 눈으로 내 신발을 찾고 있었다.

"내일 다시 얘기해요, 아버님. 저 갈래요…… 이젠 싫증이 나요."

"자기 때문에 남이 불행해진다고 생각하는 사람들의 괴로움 말이다…… 남아 있는 사람들은 동정을 받기도 하고 위로를 받기도 하지. 하지만 떠나는 사람들은 어떠냐?"

나는 기어이 분통을 터뜨렸다.

"떠나는 자들이 무얼 더 바라요? 그들에게 월계관이라도 씌워 줄까요? 아니면 따뜻한 격려의 말이라도 해 줄까요?"

이 대화를 시작으로 시아버지는 가슴 한켠에 묻고 살아온 자신의 비밀, 비밀일 수밖에 없었던 사랑 이야기를 들려준다. 마흔두 살 때, 스스로 이미 늙었다고 생각했던 마흔두 살 때, 죽어라 일만 하고 살았던 마흔두 살 때, 애들이 한참 자라던 마흔두 살 때…… 이제는 답답한 늙은이가 되어버린 시아버지는 '마틸다'라는 여자를 사랑했다.

"나는 그 여자를 누구보다 사랑했어. 이 세상의 그 무엇보다…… 나는 사람이 다른 사람을 그렇게까지 사랑할 수 있다는 것을 몰랐어…… 아니, 다른 사람들은 어떨지 몰라도, 나는 그런 식으로 사랑하도록 생겨

먹지 않은 사람이라고 늘 생각했었지. 사랑을 고백한다느니, 그리움 때문에 잠을 이루지 못한다느니, 사랑의 열병 때문에 초췌해진다느니 하는 것들은 나하고 거리가 멀었어. 사실, 나는 사랑이니 열애니 하는 말만 들어도 코웃음을 치던 사람이었어. '사랑이 밥 먹여주냐?' 하며 냉소를 흘리곤 했지. 나는 사랑이라는 것을 최면과 미신의 중간쯤 되는 것으로 생각했어…… 내 입에서 사랑이라는 말이 나오면 그건 거의 욕이나 다름없었지. 그랬는데, 가장 예기치 않은 순간에 사랑이 나를 덮쳐왔어. 내가…… 나 같은 사람이 한 여자에게 사랑을 느끼게 된 거야. 나는 마치 어떤 병에 걸리듯이 사랑에 빠졌어. 그것을 원하지도 믿지도 않았는데, 내 의지에 상관없이, 그것으로부터 나 자신을 지킬 새도 없이 빠져든 거야. 그러다가……."

그렇게 한 여자를 너무나도 사랑한 마흔두 살의 남자는 가정을 지키기 위해 여자를 떠나보내고, 그후로 유령처럼 조용히, 시간을 견디며, 지루하고 재미없는 답답한 늙은이가 되어 하루하루를 살아간다, 아니 살아낸다. 내가 이 소설을 좋아하는 이유는, 단순하다면 단순하다고 할 수 있는 서사의 구조나 남은 자와 떠난 자, 떠나지 못한 자에 대한 탁월한 심리묘사가 아니라, 가정이 있는 남자를 사랑했던 젊고 아름답고 유능하기까지 한 여자 마틸다가 '함께 하고 싶은 일'을 적은 노트 때문이다.

　　……소풍 가기, 강가에서 낮잠자기, 낚시로 잡은 물고기 구워먹기, 새

우와 크로와상과 쫀득쫀득한 쌀밥 먹기, 수영하기, 춤추기, 당신이 골라 주는 속옷과 향수 사기, 신문 읽기, 가게 진열장을 한참 동안 바라보기, 지하철 타기, 열차 시각 확인하기, 둘이 앉는 자리를 당신이 다 차지하고 있다고 투덜대며 옆으로 떼밀기, 빨래 널기, 파리 오페라 극장에 가기, 베이루트와 비엔나에 가기, 시장 보러 가기, 슈퍼마켓에 가기, 바비큐 해 먹기, 당신이 깜박 잊고 숯을 안 가져왔다고 볼멘소리 하기, 당신과 동시에 양치질하기, 당신 팬티 사 주기, 잔디 깎기, 당신 어깨 너머로 신문 읽기, 당신이 땅콩을 너무 많이 먹지 못하게 하기 (……) 공연히 당신 이름 불러보기, 당신에게 야한 농담 하기, 뜨개질 배워서 당신에게 목도리 떠 주기, 그랬다가 보기 흉하다고 다시 풀어버리기 (……) 조깅 며칠 하다가 그만두기, 쓰레기통 비우기, 당신이 날 여전히 사랑하는지 물어보기…….

이 소소한 일들의 길고긴 리스트가 난 너무 아팠다. 지하철 타기, 슈퍼마켓에 가기, 쓰레기통 비우기 같은 일상적이고 사소하다 못해 시시한 일들이 어느 누군가에겐 세계일주나 남극탐험보다 어려운 일이다. 한 남자를 온전히, 합법적으로 소유한 여자들에게는 너무나 일상적이고 귀찮기까지 한 일들이 누군가에게는 간절한 '로망'이 될 수도 있는 것이다. 결국, 일상을 공유하지 못하면, 서로가 서로의 일상이 되지 못하면, 사랑은 끝나고 만다. 사랑하는 사람의 비밀이 된다는 것은, 누구에게도 보일 수 없는 투명인간 같은 존재가 된다는 것은, 비참한 일이니까.

아무리 화려한 삶을 사는 사람이라도 혈액의 90퍼센트가 물이듯이, 인생의 90퍼센트는 별 특별할 것 없는 소소한 일상들로 채워진다. 그러니까 사람이 살 수 있는 거다. 특별한 일들을 기억하고, 힘들었던 일들을 잊고, 몸과 마음을 추스르고, 또다시 특별한 일들을 기다리면서…….

연애가 끝나면 힘든 게, 헤어진 연인이 미칠 듯이 보고 싶어서라기보다는, 일상에 구멍이 뚫려버리기 때문이다. 그 틈새, 그 간극을 쉽게 메울 수가 없어서 매일 아침 "머리 말리고 나왔어?"라고 물어봐주는 문자가 없어지고, 점심은 누구랑 뭘 먹었냐고 궁금해하는 전화가 없어지고, 왜 끼니를 자꾸 거르느냐고 안타까워하는 잔소리가 없어지는 것을 견디기 어려운 거다. 일상에서 갑자기 사라져버리니까 핸드폰을 잃어버린 것처럼 패닉이 된다.

하품이 날 것처럼 지겨운 지금 이 시간이 헤어진 다음에 가장 그리워지는 시간이 될 수도 있다. 지금 일상에 권태를 느끼는 사람이 있다면, 재미없는 연애나 결혼생활에 지쳐가는 사람이 있다면, 도무지 스펙터클한 일이 없어서 심심해 죽을 것 같은 사람이 있다면, 이 소설《나는 그녀를 사랑했네》를 한번 읽어보라고 권하고 싶다. 알게 된다. 일상을 함께 나누는 기쁨이 얼마나 절절하게 소중한 것인지.

슬럼프는
네 배터리가
10퍼센트 미만이라는
경고 메시지야

내 책장 한구석에는 제목에 '슬럼프'가 들어간 책이 몇 권이나 있다. 《슬럼프 극복하여 고수 되는 법칙》, 《슬럼프를 극복하는 100가지 방법》, 《슬럼프 아웃》 등. 결론부터 말하자면, 마음이 하도 답답하고 갑갑해서 혹시나 하는 마음으로 읽었을 뿐, 이런 책들에서는 거의 아무런 도움도 받지 못했다.

오히려 불쑥불쑥 찾아오는 슬럼프를 조금 다른 관점에서 바라보게 해준 책은 정미경의 단편소설 〈밤이여, 나뉘어라〉다. 이 소설의 시·공간적 배경은 백야가 계속되는 노르웨이 오슬로 근교의 '운자 크레보'라는 작은 마을의 여름이다.

밤새 어둠이 오지 않는, 하얀 밤이 계속되는 백야. 예전에 영화에서 보고 상상할 때는 참 신기하고 멋있을 것 같았는데, 몇 년 전 함부르크에서 직접 겪은 백야는 신기하기보다는 공포스러웠다. 독일인 친구들과 야외카페에서 맥주를 마시고 있었는데, 날이 밝은데도 이상하게 너무 피곤하고 졸려서 시계를 보니 12시가 넘었다. 뭔가 섬뜩하고 비현실적이었다. 하늘은 시간이 지나도 지워지거나 들뜨지 않는 화장을 한 여자의 얼굴처럼 뽀송뽀송하고 투명하기만 한데, 노천광장을 가득 메운 사람들은 하나둘 지쳐갔다.

자정이 지났는데도 어둠이 내릴 기색은 전혀 없었고, 낮술을 마신 것도 아닌데 우리는 밝은 하늘 아래서 작별인사를 했다. 호텔에 들어와서도 잠이 오지 않았다. 처음 혼자서 출장 다닐 때는 무서워서 밤에도 불을 켜놓고 잠들곤 했는데, 백야 속에서는 두꺼운 커튼을 쳐서 질기고 독한 빛을 다 차단하고 나서야 잠을 잘 수 있었다. 뭐라 말할 수 없는 기괴하고 기묘한 체험이었다.

〈밤이여, 나뉘어라〉는 인생이 오직 성공으로만 가득 찼던, 모든 일에 너무 뛰어나서 변변한 경쟁상대 하나 없었던 천재 의사 P의 삶을 어둠이 오지 않는 '백야'와 대비해서 보여준다. 이 소설의 화자인 '나'는 고등학교 때부터 P에 대한 열등감과 열패감에 시달려온 고등학교·의대 동창이다. 죽어라 공부했지만 잘난 친구 덕분에 한 번도 1등을 해보지 못했고, 어깨를 나란히 하고자 자나깨나 달음박질쳤지만 늘 P의 등을 바라보아야만 했다.

의대를 졸업했지만 자신의 적성을 의심하던 '나'는 늦은 나이에 영화학교에 입학해서 의사 대신 영화감독이 된다. 그리고 10년 후, '나'는 유럽에서도 꽤 알려진 영화감독이 되어 노르웨이에 있는 친구 P를 찾아간다. 오직 자신의 성공을 보여주기 위해, 유럽에서도 인정받는 명망있는 감독이 된 자신의 달라진 존재를 보여주기 위해.

내게 P는 라이벌이었을까. 그러지 못했다. 라이벌이란, 강을 사이에 두고 강변의 양안을 달리는 자, 에서 어원을 가져왔다 했던가. 서로의 모습을 곁눈질하며, 터질 듯한 심장과 경련을 일으키는 다리를 질질 끌

고라도 기어이 나를 달리게 하는 자. 그러나 나는 한 번도 P와 나란히 달려보지 못했다. P의 뒤에서 늘 숨이 찼다. 강 저쪽 아득한 앞에서나마 그의 모습이 완전히 사라지자 나는 바로 길을 잃었다. 그가 사라졌을 때의 좌절이 그가 있을 때의 좌절보다 크게 다가온 것은 예기치 못한 감정이었다. P는 내 인생의 내비게이션이었고, 보이긴 하지만 거리를 좁힐 수 없는 무지개였다.

이렇게 청춘의 모든 순간을 P를 따라잡는 데 바쳤는데, 한순간도 P를 의식하지 않은 적이 없는데, 이제야 인정받는 영화감독이 돼서 P에게 자신의 존재를 증명하기 위해 멀고먼 노르웨이까지 찾아왔는데…… P는 더 이상 예전의 잘나가던 P가 아니다. 때론 걷고 싶었지만 늘 날아다닐 수밖에 없었던 천재 P는, 10년 만에 만난 친구 P는 알코올중독자가 되어 있다. P의 아내는 고교동창인 '나'를 향해 절규한다.

"밤이 얼마나 아름다운지 모르지? 백야가 계속되는 동안은, 덧창 없이는 잠들 수가 없어. 밤이 없으면, 잠들지 않고 일하면 썩 훌륭한 인간이 되어 있을 것 같은데, 그게 아니더라. 저 사람에겐, 자기 인생이 끝없는 하얀 밤처럼 느껴졌나 봐. 기억과 욕망이란, 신의 영역이란 걸 너무도 잘 알고 있기에 선택했겠지. 저 사람은, 그림자를 찾고 싶어 하는 거라고 생각해."

이 소설을 읽으며 생각했다. 인생의 모든 순간 별다른 노력 없이 승승장구하던 P가, 작은 실패조차 해본 적 없던 P가, 끝없는 하얀 밤 같은 무료한 인생을 참지 못하고 한순간에 몰락해버리는 것처럼, 슬럼프나 정체현상 없는 고속질주도 끝없는 하얀 밤의 또 다른 변형 아닐까? 밤이 오고 계절이 바뀌듯이, 그렇게 슬럼프도 오는 게 오히려 당연한 것 아닐까? 내가 무슨 로봇도 아닌데, 일정한 작업속도와 생산성이 일관되게 유지된다면 그게 더 이상한 것 아닐까? 감기에 걸리면 며칠 잘 먹고 잘 자고 푹 쉬어야 되는 것처럼, 슬럼프가 오면 파리를 잡듯 때려잡는 대신 그냥 좀 쉬어줘야 되는 것 아닐까? 오죽하면, 정말 오죽하면 슬럼프가 날 찾아왔겠어, 하고 보듬어줘야 하는 것 아닐까? 그냥 감기처럼 슬럼프를 편하게 받아들이면 안 될까? 살아 있는 모든 생명에게는 사이클이 있으니까.

생명체뿐만 아니라 제품과 산업에도 사이클이 있다. 거의 모든 산업이 '붐-버스트(boom-bust) 사이클'을 보여준다. 호황이 계속될 것 같다가도 어느 순간 불황이 오고, 불황이 끝날 것 같지 않다가도 어느 순간 다시 호황이 온다. 누구나 불황을 두려워하지만, 역설적으로 이 기간에 혁신과 진보가 일어난다. 그래서 또다시 상승곡선을 타고 피크까지 올라가고, 그러다 또 하강곡선을 타고 바닥까지 내려가면 고통의 시간을 거쳐 다시 상승곡선을 그린다. 계절이 순환하듯 경기도 순환한다.

사람도, 겨울나무도, 봄꽃도, 겨울잠 자는 북극곰도, 주식과 유가, 금과 은, 메탄올과 에탄올의 가격도…… 정체되어 있는 것은 아무것도 없다. '인생은 파도와 같다'는 유명한 말이 아니라도, 무슨 공식처럼 올라가면 내려가고 내려가면 올라간다. 단지 내려가는 국면에서 받아들이기가 어려울 뿐.

핸드폰을 많이 쓰면 배터리가 금방 다는 게 당연한 것처럼, 앞뒤 안 보고 죽어라 달리면 사람도 금방 방전된다. 슬럼프는 '배터리가 10퍼센트 미만입니다' 같은 경고 메시지 아닐까? 위험하니 충전하라는, 스스로를 좀 돌봐주라는.

아무리 생각해봐도, 제목에 '슬럼프'가 들어간 온갖 책을 읽으며 고민해봐도, 슬럼프를 극복하는 방법은 하나밖에 없는 것 같다. 그건 바로, 그냥 슬럼프를 받아들이는 것. '슬럼프는 어쩔 수 없이 온다'는 것을 겸허하게 받아들이는 것. 사람은 로봇이 아니라는 너무나 당연한 사실을 의식적으로 자각하는 것. 이러다 조만간 또 상승곡선을 타리라는 것을, 아니 탈 수밖에 없다는 것을 망각하지 않는 것. 그리하여, 안달복달하는 대신 스스로에게 쿨하게 말해주는 것.

"이것도 곧 지나가리라."

사실은
남들도 다
구질구질하게
살고 있어

헤어졌던 연인이 8년 만에 다시 만나면 어떨까? 영화 〈건축학개론〉이나 드라마 〈신사의 품격〉처럼, 그때 그 시절의 풋풋함은 사라졌지만 더 멋지고 더 아름답고 더 세련된, 경제적 여유까지 넘치는, 게다가 둘 다 싱글이라(오리지널이건 돌싱이건) 합법적인 만남에 아무런 장애가 없는 선남선녀의 만남이라면 좋겠지만, 유감스럽게도…… 현실은 대부분 그렇지 못하다.

김도연의 단편 〈이별전후사의 재인식〉은 8년 만에 다시 만난 연인의, 리얼하다 못해 구질구질하고 너덜너덜한 재회를 보여준다.

IMF시기를 함께 겪은 연인은 '가난'을 사유로 헤어진다. 할머니들이 환란(換亂)에 빠진 조국을 구하기 위해 하나밖에 없는 금가락지를 내놓을 때, 이 가난한 연인도 커플링을 판 돈으로 여행을 떠난다. 반지를 팔아 떠나는 여행이 즐거울 리 없다. 자동차 할부금은 밀려 있고, 과외자리는 없고, 학원강사료는 예전의 절반이다. 미래는 그저 깜깜하기만 하다. 남자는 "난 가난하게 사는 게 정말 싫어"라는 여자의 말을 받아들이고, 둘은 한 세기가 끝나가는 1999년 말에 명동에서 함께 마신 맥주를 마지막으로 헤어진다.

그리고 2007년, 그들은 유부남·유부녀가 되어 다시 만난다. 한적

한 교외의 방갈로에서. 드라마라면 둘 다 여전히 멋있고 예뻐야 하지만, 현실 속 남자는 아저씨고 여자는 아줌마다. 게다가 만남의 장소는 멋진 카페 또는 석양이 드리운 강변이나 바닷가가 아니라, 불륜의 상징 방갈로.

두 사람은 8년 만에 만나 닭다리를 뜯으며 술을 마신다. 그리고 안에서 문을 잠글 수 있는 방갈로에서 여느 불륜 커플처럼 몸을 섞는다. 그후, 그들은 방갈로와 모텔을 전전한다. 뭐 하나 새로울 것도, 그리울 것도, 가슴 짠한 것도 없다. 홍상수 영화의 등장인물들보다 더 리얼하고, 더 찌질하고, 외모는 비교할 수 없이 후지다. 그들의 만남은 축구경기 재방송을 보는 것처럼 시들시들해져간다.

그는 하품을 했다. 사람의 눈을 피해 방갈로의 문을 안에서 잠근 채 사랑을 나누고 닭을 뜯고 술을 마시는 일이 갑자기 지루해졌기 때문이었다. 한숨을 감추려고 술을 삼켰다. 그녀가 그의 빈 잔을 채워주었다. 우리 어디로 여행이나 갈까? 몇 시간 후면 당신은 집에 가서 애를 기다려야 하고 나는 학원 아이들 관리해야 하잖아. 그 바다가 보고 싶어. 그와 그녀는 방갈로의 작은 창 너머로 내리는 함박눈을 바라보며 바다를 떠올렸다. 그 바다로부터 떠난 지도 십여 년이 넘어가고 있었다. 돈으로도 해결할 수 없는 게 있나 봐. 이제…… 그걸 알았어. 그녀의 탄식이었다. 그녀의 피부 곳곳에서 붉은 꽃이 피어나고 있었다. 술과 몸 상태가 서로 어긋났을 때 생기는 현상이었다. 모텔에 가서 좀 쉬어야 할 것 같은데. 그녀는 고개를 가로저었다. 오늘은 끝까지 여기서 보내. 모텔은

지긋지긋해졌어. 그럼 화투나 칠까? 우리가 다시 만나 할 수 있는 일이란 게 고작 닭 먹고 술 마시고 섹스하고 화투 치는 거밖에 없니!

이번엔 가난이 아니라 권태 끝에, 그들은 또다시 헤어진다. 이별하는 날, 두 사람은 허름한 분식집에 들어가 라면을 먹는다. 이제 예전처럼 가난하지 않지만, 그들은 마지막 식사로 고춧가루 확 푼 칼칼하고 얼큰한 라면을 함께 먹는다. 그리고 분식집에서 커피까지 얻어마시고 덤덤하게 헤어진다. 아주 덤덤하게.

남한강변에서 맞는 바람은 매서웠다. 그와 그녀는 서둘러 작은 분식집으로 뛰어들어갔다. 연탄난로 옆으로 의자를 당겨 앉고 손을 비볐다. 춥다! 그치? 응. 올겨울 들어 제일 추운 것 같아! 아줌마, 라면 두 그릇 고춧가루 확 풀어서 얼큰하게 끓여주세요! 그래도 눈이 안 와서 다행이야! 이 추위에 길마저 얼어버리면 어쩌겠어. 난 스노타이어도 아니란 말이야! 야, 난 지난겨울 학원버스에 아이들 태우고 가다가 눈길에 미끄러져 까딱했음 대형 사고 날 뻔했어! 운전실력이 좋아서 겨우 사골 면했지만. 겨울엔 무조건 조심해야 돼! 그럼! 그와 그녀는 연탄난로 옆에 앉아 정말 얼큰한 라면을 먹었다. 창문 너머로 가장자리에서부터 안쪽으로 얼어가는 남한강이 보였다. 컵에 든 물로 입속을 가셔내고 담배를 피웠다. 아주머니에게 부탁해 커피까지 얻어마셨다. 가야지? 그래, 가야지. 그와 그녀는 분식집 앞에 서서 저편에 주차해놓은 서로의 자가용을 확인했다.

이 소설의 느낌을 단 하나의 형용사로 표현하라면 '구질구질'. 정말 구질구질하다. 소설에 특별한 장치도, 어려운 상징도 없다. 건조하고 덤덤하게 8년 만에 만난 옛 연인의 재회를 보여준다.

소설을 읽고 주인공들처럼 고춧가루 확 푼 라면을 먹었다. 달걀이나 파, 아무것도 넣지 않고 고춧가루만 확 푼 칼칼한 라면을. 라면 잘 끓이는 것도 기술인지, 내가 끓인 라면은 맛이 없었다. 라면맛이 이 소설의 끝맛처럼 구질구질했다.

〈개콘(개그콘서트)〉의 '불편한 진실'처럼 이 소설은 불편하다. 너무 리얼해서, 너무 적나라해서. 8년 만에 재회한 연인이 방갈로에 앉아 닭다리를 뜯는다는 건, 너무 멋대가리 없고 시시하고 재미없다. 하지만 현실은, 드라마 속의 로망이 아닌 현실은, 주인공들이 뜯어먹고 버린 닭뼈같이 앙상하고 내다버리고 싶을 정도로 사실적이다. 그야말로, 구질구질하다.

우리는 남들을 참, 쉽게 부러워한다. 서울에서 1년 넘게 영어강사를 하고 있는 호주인 친구가 말했다.

"내가 영어회화를 가르치면서 제일 놀란 게 뭔지 알아? 수강생들이 '엔비(envy)'라는 동사를 너무 자주 쓴다는 거야. 뭐가 그렇게 부러운 게 많아?"

내 일상은 비루하고 구질구질한데, 남들은 다 근사하게 잘만 살고 있는 것 같다. 내 연애는 재미없고 시들시들한데, 남들 연애는 무진장 화려하고 로맨틱해 보인다. 내 일은 별다른 비전도 희망도 보이지 않는데, 남들이 하는 일은 술술 잘만 풀리는 게 곧 대박이 날 것 같다. 그런데, 정말 그럴까?

얼마 전, 잘나가는 가수들이 출연한 토크쇼를 보다가 놀란 적이 있다. 연예인생활을 하면서 가장 화났을 때가 언제냐는 질문에, 한 가수가 "밥값!"이라고 대답했다.

자기가 버는 돈이 얼만데, 물가가 얼마나 올랐는데, 기획사에서 밥값을 한 끼에 5,000원으로 고정시켰다고. 그래서 너무 화가 나, 반항의 뜻으로 중국집에서 몇십 인분을 시켜 먹었다고. 그 말을 듣자 다른 출연자들도 "나도, 나도!" 맞장구를 쳤다. 한 유명 가수는 자기는 그래서 두 끼는 굶고 한 끼에 15,000원짜리를 먹는다고 해서 폭소를 자아냈다.

삶이란 이런 게 아닐까? 겉으로는 근사하고 멋있어 보여도, 막상 뚜껑을 열어보면 구질구질한 물건들로 가득 찬 창고 같은. 패션피플의 빨랫줄에 널려 있는 목 늘어난 면티, 무릎 튀어나온 추리닝 같은. 곧 상할 것 같은 냉장고 안 재료들을 이것저것 다 쏟아넣은 잡탕찌개나 볶음밥 같은.

일상의 번잡함과 구질구질함은 그 누구도 피해갈 수가 없다. 시인이나 군인이나, 연예인이나 그들의 팬이나, 전업주부나 힐러리 클린턴이나……

한동안 '재테크' 책들을 탐독했다. 주식, 부동산, 채권, 선물과 옵션, 외환…… 수많은 책을 읽었다. 그러다 어느 순간 시들해져서 때려치웠다. 읽으면 읽을수록 답이 없었다(길이 너무 많으면 정작 어디로 가야 할지 모르는 법이다).

그때 제목이 너무 후져서 무시했던, 하지만 그 제목이 아직도 기억나는 책이 있다.《그냥 구질구질하게 살아라》. 제목부터 구질구질한 게, 너무 싫었다. 그런데 이제 와서 생각하니, 직장인의 재테크에 있어서 이것만큼 명답이 없는 것 같다. 한정된 월급에 품위유지 다 하고, 비싼 와인 마시고, 좋은 옷 입고, 좋은 차 타고…… 그러면서 그 어떤 재테크를 한들 어떻게 돈이 모이겠는가?

〈이별전후사의 재인식〉을 읽고 이런 생뚱맞고 엉뚱한 결론에 도달했다. 어차피 구질구질함이 삶의 한 단면이라면, 나도 좀 구질구질하면 어떠랴! 수입의 상당부분을 품위유지에 쓰는 소비패턴을 반성하자. 남는 것은 결국 고가 브랜드로 가득한 옷장이 아니라 통장 잔액이니, 비싼 와인을 마셔도 취하고 소주를 마셔도 취하니, 어떤 '신상'도 몇 개월만 지나면 '중고'가 되니, 그냥 구질구질하게 살아라.

혼자인 네가 아플 땐
잠시 쉬어가라는
뜻이야

런던올림픽 축구 한일전에서 승리하고 동메달을 딴 찬란한 주말, 그러니까 광복절을 앞둔 한여름의 주말에 난 호된 감기를 앓으며 누워 있었다. 서른이 넘으면서부터는 감기를 한 번 앓을 때마다 늙는다는 말이 있던데, 그 말을 증명이라도 하듯 감기는 독했고 출장 후 지친 몸은 골골거렸다. 기침이 심해서 에어컨도 켤 수 없었고, 커피도 한잔 마실 수 없었다. 할 수 있는 일이라고는 먹고 자고 약 먹고 뒹굴거리는 것밖에 없었다.

완전한 휴양을 위해 책도 읽지 않으려고 했지만, 무료함을 견디지 못하고 책장에서 집어든 책이 장정일의 《아담이 눈뜰 때》였다. 빨간색 바탕에 세로로 하얀색 굵은 고딕체로 인쇄된 '아담이 눈뜰 때'라는 제목이 여전히 강렬했다. 책을 펴보니 초판 인쇄일이 1990년 8월 15일, 개정 4쇄 발행일이 1993년 1월 10일. 세상에 처음 나온 지 20년이 훌쩍 넘었고, 내가 이 책을 산 지도 20년이 다 되어가는, 이제는 절판된 책.

책값은 4,800원. 일곱 편의 단편이 실린 320페이지 분량의 소설집이 요즘 커피 한 잔 값이라니. 20년 동안 물가가 참 많이 올랐구나, 요즘 소설집 한 권이 12,000~13,000원 정도 하니까, 그동안 물가는 두 배가 넘게 오른 건가…… 하는 하릴없는 생각을 하며 책을 다시 읽기 시작했다.

표제작인 〈아담이 눈뜰 때〉의 처음과 마지막은 동일한 두 문장이다. 이렇게 시작해서 이렇게 끝난다.

> 내 나이 열아홉 살, 그때 내가 가장 가지고 싶었던 것은 타자기와 뭉크화집과 카세트 라디오에 연결하여 레코드를 들을 수 있게 하는 턴테이블이었다. 단지, 그것들만이 열아홉 살 때 내가 이 세상으로부터 얻고자 원하는, 전부의 것이었다.

아마도 요즘 이 세 가지를 갖고 싶어 하는 열아홉 살은 아무도 없을 거다. 이제 타자기는 앤티크한 인테리어를 위한 소품 또는 골동품이고, 뭉크의 그림들은 블로그 배경화면이나 캘린더, 각종 인테리어 소품, 심지어 티셔츠에까지 프린트되어 거의 매일 볼 수 있으며, 턴테이블도 타자기와 비슷한 운명이 된 지 벌써 오래다. 산 지 1년도 안 된 스마트폰이 구닥다리가 되는, 약정기간 2년을 지키기가 어려운 가속도의 세계에서 타자기와 턴테이블은 이제 호사가들의 수집품이 되었다.

하지만 이 소설의 배경은 서울올림픽이 열린 1988년, 당시 열아홉 살의 주인공에게 이 세 가지는 '세상으로부터 얻고자 원하는 전부의 것'이었다. 그리고 소설은 열아홉 살 주인공이 이 세 가지를 다 얻게 되는 과정에 대한 이야기다.

이 소설을 거의 20년 만에 다시 읽으니 기분이 참, 묘했다. 그동안 세상이 얼마나 많이 변했는지, 또 내가 얼마나 많이 달라졌는지 자각했다. 20년 전에 이 소설은 내게 엄청 큰 충격이며 파격이었는데, 이젠 당시의 '시대적 감수성'을 뒤돌아보는 자의 여유를 가지고 책장을 넘긴다. 타자기가 더 이상 필요없는 물건이 된 것처럼, 시대적 감수성도 시대를 살아가는 개인의 감수성도 변한다.

「음악을 틀까?」

그녀가 커피를 만들어 가지고 왔다.

「뭘 좋아하지?」

「벤이킹이나 비비킹 같은 것 있어요? 도어즈나 애니멀즈도 좋구요」

그녀는 레코드가 쌓여진 여러 개의 박스를 뒤적였다.

「그래? 굉장히 스탠다드한데? 그 외엔?」

「초기 롤링스톤즈나 초기의 로드 스튜어트요」

그녀는 턴테이블 덮개를 열고 CCR이라고 약칭되는 클리던스 클리어워터 리바이블을 올려놓았다. 중국에서는 이들을 '청수악단'이라고 부른다지. 옛 노인들의 구수한 이야기같이 나즉하게 〈배드 문 라이징〉이 흘러나왔다. 저주스런 달이 뜨고? 바깥에는 구름이 잔뜩 끼어 있었다.

「반항적이군. 요즘엔 어디든 후기라는 접두사가 유행인데 말야. 후기 모더니즘, 후기 구조주의, 후기 산업사회, 후기 마르크시즘, 후기 섹슈얼리즘하고 말이지」

'포스트 모더니즘'이라는 기억 속의 단어에 웃음이 났다. 당시엔 누구나 입만 열면 '포스트 모더니즘'에 대해 얘기했다. 뜻을 알건 말건 유행어처럼. 그런데 이제 '포스트 모더니즘'은 일부러 검색하지 않으면 찾아보기 어려운 말이 됐다. 세상은 LTE보다 빠른 속도로 변한다.

시인이자 소설가, 또 지속적으로《장정일의 독서일기》를 내고 있는 독서가 장정일을 개인적으로 만나본 적은 한 번도 없지만, 난 장정일에게 참 많은 영향을 받았다. '정서적인 빚을 지고 있다'고 해도 과언이 아니다. 그의 독서일기를 읽고 오매불망하던 끝에 '수선이의 도서관'이라는 홈페이지를 만들어 독서일기를 쓰기 시작했고, 그 글들을 눈여겨본 출판사의 권유로 첫 번째 책《나는 오늘도 유럽 출장 간다》(부키, 2008)를 쓰게 됐고, 언젠가 장정일처럼 독서일기를 책으로 내고 싶다는 오랜 꿈은 독서에세이집《밑줄 긋는 여자》(웅진웡스, 2009)를 씀으로써 이루어졌다.

1993년 1월부터 1994년 10월까지의 독서일기가 실려 있는《장정일의 독서일기 1》의 머리말은 이렇게 시작된다.

어린시절의 내 꿈은 이런 것이었다. 동사무소의 하급 공무원이나 하면서 아침 아홉시에 출근하고 오후 다섯시에 퇴근하여 집에 돌아와 발씻고 침대에 드러누워 새벽 두시까지 책을 읽는 것.

대학생 시절 이 글을 읽었을 때는, 이건 꿈이라고 하기엔 너무 '소박한' 소망이라는 생각을 했다. 하지만 사회생활을 하면서(내 밥을 내가 벌고, 싫은 소리도 듣고, 싫은 소리 듣고도 웃는 법을 배우고, 소처럼 일만 하는

데도 시간에 쫓기고, 금싸라기 같은 주말에는 지쳐서 잠만 자고, 그게 아깝고 억울해서 일요일 밤에 우울하고……) 이 꿈이 얼마나 '원대한' 것인지를 체감하는 데는 채 1~2년이 걸리지 않았다.

매일 5시에 퇴근해서 누구의 간섭도 받지 않고 드러누워 새벽까지 책을 읽을 수 있다는 건 로또 당첨 못지않게 어렵거나 불가능한 일이다. 사실 바쁘지만 않다면, 해야 할 일들에 대한 강박만 없다면, 며칠 아무것도 안 하고 푹 쉴 수만 있다면, 감기 따위는 병원에 가고 약 먹고 하면서 부산을 떨 일이 아니다. 그냥 맛있는 거 먹고 며칠 푹 쉬면 낫는다. 감기는 몸이 보내는 제발 좀 쉬고 싶다는 시그널이니까.

몇 년 전 감기에 대한 장정일의 산문을 "맞아, 맞아!" 하며 읽었는데, 막상 감기에 걸리면 아까운 시간에 아무것도 못하고 있다는 강박과 초조함에, 약속시간에 늦어 계속 시계를 보며 지하철 안에서 달리는 사람처럼, 누워서도 마음은 쉬지 못하고 안절부절, 노심초사, 전전긍긍하고 있다.

일 년에 한 번씩 감기 치레를 하는 것은, 그동안 쌓인 내 몸 속의 노폐물을 정화하는 기간이었던 것이다. 말하자면 보일러 청소랄까. 그해 겨울 내가 애써 했던 일은 신체의 자정 능력을 방해한 것에 불과했다. 신과학 운동에 앞장섰던 프리초프 카프라는 그의 어떤 저작 속에서, 서양에서는 질병을 박멸해야 할 석으로 보지만 농양에서는 병도 삶의 일부로 본다면서 병으로 드러누워 있을 때 인간은 자신의 삶과 이웃 그리고 죽음이나 우주와 같은 형이상학적인 주제에 대해 생각해볼 기회를 갖게 된다고 한다. 다시 말해 "아픈 만큼 성숙해진다"는 것이다. 그래서 그 후로는 감기를 막아야겠다는 무모한 생각은 다시 하지 않았다.

_ 장정일 산문집 《생각》 중 〈감기〉에서

할 일은 많고 마음은 바쁜데 몸은 골골거리며 아팠던 주말, 근 20년 만에 다시 읽은 〈아담이 눈뜰 때〉는 내게 '가끔은 가속도에 브레이크를 걸라'는 메시지를 주었다. 살짝 빛바랜 책장에 밑줄을 그었다.

나를 조롱하는 것처럼 네온 사인이 반짝반짝 빛났다. 고향에서 서울로, 서울에서 뉴욕으로 사람들은 가속도를 타고 날은다. 나도 그처럼 빠른 것을 타게 될 것인가. 가속도에 브레이크를 걸지 못하면 우주 밖으로 날아가게 된다.

맛집 찾아가
줄 서 있어봐,
기운을
되찾을 거야

후배 J에게 쓰는 편지

　　요즘 여러 가지로 힘들어하는 널 보면서 옆에 있어주는 거 외엔 아무것도 해줄 수 없어 미안해.
　　널 처음 봤을 때, 네 첫인상이 어땠는지 알아? "아, 요즘 세상에 저렇게 예의 바른 애도 있구나!"였어. 어찌나 말 한 마디 한 마디 곱게 하고 단아하던지, 그림 속에서 톡 튀어나온 애 같았어. 생긴 것도 진짜 예쁘잖아. 정말 청순하고 고와서 한복 모델을 해도 될 것 같아.
　　넌 그런 너의 이미지에 맞게 언제나 단아한 옷차림을 하고 다니지. 숨이 턱턱 막힐 것 같은 한여름에도 스타킹을 신고, 화려한 여름샌들 대신 앞뒤가 다 막힌 정장구두를 신고, 목이 올라간 원피스나 무릎까지 내려오는 심플한 스커트를 좋아하지. 너랑 나랑 서로의 옷장을 열어본다면 아마도 비슷한 옷이 하나도 없을 거야, 하하!
　　난 항상 너에게 배우는 게 참 많아. 몸에 밴 정중함과 겸손, 늘 주위 사람들을 먼저 생각하는 배려, 티나지 않게 사람들을 챙기는 살뜰함, 맡은 일에 최선을 다하는 책임감…… 일일이 열거를 하자면 A4지 한 장을 다 채워도 모자라.

그런데 J야, 이렇듯 훌륭하고 아름다운 너에게, 내가 하나 안타까운 게 뭔지 알아? 먹고 싶은 게 없다는 거야. 정말이야. 내가 너에게 안타까움을 느끼는 게 바로 이거야. 거의 항상, 아무것도 먹고 싶은 게 없다는 거. 우린 오랜 시간 함께해왔지만, 넌 한 번도 뭘 사달라고 조르거나 뭐가 먹고 싶다고 말한 적이 없었지.

뭐 먹고 싶으냐고 물어보면 늘 "아무거나"라고 대답하는 네게 한 번은 내가 물어봤어. 뭐가 막 먹고 싶거나 당길 때가 없냐고. 놀랍게도 넌 초연하고도 결연하게 대답했어. 없다고, 그런 적이 한 번도 없었다고. 그게 난 너무나 놀라웠어. 난 항상 먹고 싶은 게 너무 많잖아. 무슨 영감이 떠오르듯이 먹고 싶은 것들이 마구 떠올라. 그리고 일단 생각나면, 그걸 꼭 먹어야 해. 늦은 시간이라도, 아무리 멀어도, 며칠을 기다려서라도.

기억나니? 내가 《심야식당》 읽다가 한밤중에 빨간 비엔나소시지를 문어 모양으로 볶아서 너한테 카톡으로 사진 보냈었잖아, 하하! 그때 비엔나소시지 사러 그 늦은 시간에 편의점에 갔었어. 나처럼 이렇게 맹렬하게, 오매불망 먹고 싶은 게 많은 것도 문제지만, 너처럼 그렇게 아무것도 먹고 싶은 게 없는 것도 문제인 것 같아.

아마도, 내 생각에는 말이야, 맛집 찾아가서 한 시간 넘게 줄 서 있는 사람들 중에 우울증 환자는 없을 거야. 어쩌면 개중에 너무 우울해서 폭식하러 온 사람이 있을지도 몰라. 하지만 대부분 먹고 싶은 게 많은 사람들은 삶에 대한 애착도 강하더라고. 멀리서 찾을 필요도 없이 나처럼 말이야.

먹고 싶은 게 있으면 먹고, 가고 싶은 데 있으면 가고, 보고 싶은 사람 있으면 한걸음에 달려가서 보고, 하고 싶은 일 있으면 하고…… 이게 인간의 욕망이잖아. 엉터리 철학자 또는 선무당 같은 말이지만 말야, 먹고 싶은 게 없다는 건 욕망이 없다는 것 또는 욕망을 꾹꾹 눌러서 억제하는 것과 상관관계가 있는 것 같아.

너 원래 네 의견 내세우지 않는 성격이잖아. 누구한테 할 말이 있어도 꾹꾹 참고, 그러면서 혼자 스트레스 받고, 쌓이고 쌓여서 급기야는 누군가를 마주치는 것만으로도 힘들어하고. 가끔은 널 보면 화가 나. 주위 사람들의 온갖 고충과 고민을 이해하고 보살피느라 정작 너 자신을 보살피지 않는 것 같아서. 왜 너 혼자서 다 이해하고 참아야 해? 왜 싫다, 좋다, 이건 아니다…… 말을 못해? 왜 일이 많으면 많다고, 업무를 조정해달라고 당당하게 말을 못해? 왜 화가 났으면 화났다고, 피곤하면 피곤하다고 말을 못해? 정말, 한번씩, 이 언니 속이 터진다, 터져.

얼마 전 네가 선물한 CD에 대한 보답으로 책을 한 권 준비했어. 《오 헨리 단편선》이야. 〈크리스마스 선물〉, 〈마지막 잎새〉를 쓴 그 유명한 오 헨리 말이야. 그의 단편들은 영화나 연극, 드라마로도 많이 만들어졌고, 특히 〈크리스마스 선물〉이나 〈마지막 잎새〉는 너무나 유명해서 줄거리를 모르는 사람이 없잖아. 그런데 막상 오 헨리의 단편을 읽어본 사람은 많지 않더라고. 꼭 한 번 읽어봐. 난 가끔 마음이 지치려고 할 때 〈마지막 잎새〉를 읽어. 피곤한 날 마시는 레몬차 한 잔처럼,

뭔가 치유효과가 있어.

　줄거리는 이미 잘 알겠지만…… 그리니치빌리지라는 '화가촌'에 사는 젊은 여자 화가 존시가 폐렴에 걸려. 지금이야 폐렴이 병도 아니지만, 오 헨리가 살던 시대(1862~1910)에는 폐렴으로 죽는 사람이 많았어. 대부분 영양상태도 좋지 않았으니까.

　폐렴에 걸린 존시를 진찰한 의사는 존시와 함께 사는 친구 수에게 이렇게 말해.

"친구 되는 저 아가씨 말이오. 십중팔구 살기 힘들겠소."
의사는 체온계의 수은을 털어내리며 말했다.
"살겠다는 의지만 갖는다면 약간의 희망이 있지만, 지금처럼 장의사를 기다리는 마음으로는 아무리 좋은 처방도 효력이 없지. 병이 낫지 않을 거라고 아예 체념하고 있는 것 같은데, 어디 집착하는 것이라도 있나?"
"그 애는 나폴리만을 그려보고 싶어 했어요."
수가 대답했다.
"그림? 그것 가지고는 안 되지! 마음속으로 간절히 원하는 것이 있어야 해. 혹시 애인은 있나?"
"애인요?"
수는 콧소리가 섞인 목소리로 말했다.
"남자가 그렇게 중요한가요? 그런 것 없어요, 선생님. 애인 같은 것은 없어요."

"그렇다면 낭패인데."

의사가 말을 받았다.

"하여튼 내 힘이 닿는 데까지 모든 의술을 다 써보지. 하지만 환자가 장례식 행렬의 마차 수나 세고 있으면, 약의 효과는 반감할 수밖에 없어. 만일 아가씨가 환자를 잘 설득해서 올겨울엔 어떤 외투 소매가 유행하느냐고 묻도록 만든다면, 환자가 살아날 가망성은 10분의 1에서 5분의 1로 늘어날 거요."

1905년에 씌어진 소설이라고는 믿어지지 않지? 100년도 더 전의 소설이 이렇게 세련되다니! 요즘같이 바쁜 세상에는 이렇게 친절한 의사가 많지 않지만, 100년이 지났어도 이 의사의 말은 여전히 진실이야. 올겨울에 어떤 외투 소매가 유행할지 궁금하다면, 그런 기대가 있다면, 유행할 외투를 준비하고 겨울을 기다린다면⋯⋯ 그런 에너지가 있는 사람은 몸이 들썩거려서 오래 못 누워 있어. 금방 낫겠지. 먹고 싶은 음식이 많은 사람이 맛없는 병원밥 먹기 싫어서라도 금방 퇴원하듯이 말이야.

창밖 담쟁이덩굴의 '마지막 잎새'가 떨어지면 자기도 죽을 거라고 생각하는 존시를 위해 아래층에 사는 늙은 화가 버먼이 밤새 폭우를 맞아가며 마지막 잎새를 그렸고, 지난밤 폭우에도 잎새가 남아 있는 걸 보고 희망을 찾은 존시는 이렇게 말해.

"수, 내가 나빴어. 내가 얼마나 나쁜 사람이었나를 보여주려고 어떤 강력한 힘이 마지막 잎새가 떨어지지 않도록 했나 봐. 죽고 싶어 한다는 것은 일종의 죄악이야. 고기 수프하고 포도주를 탄 우유를 좀 갖다줘. 아니, 손거울부터 갖다줄래? 그리고 베개 몇 개를 받쳐줘. 일어나 앉아 네가 요리하는 것을 볼래."

거봐, 전날 밤까지만 해도 마지막 잎새가 떨어지면 자기도 죽는다고 난리를 치더니 희망을 찾으니까 먹고 싶은 걸 말하잖아. 그것도 구체적으로. 몇 시간 전까지만 해도 곧 죽을 것 같던 환자가 고기수프랑 포도주를 탄 우유를 찾다니, 하하!

J, 너도 존시처럼 뭐가 막 먹고 싶었으면 좋겠어. 오늘은 아침부터 비가 오니 전이 당긴다고 저녁에 한잔하자고 조르고, 어제 TV 맛집 프로그램에서 매운 떡볶이를 봤더니 먹고 싶다고, 멀지만 그 집에 가보자고 조르고 그랬으면 좋겠어.

그리고, 그리고 말이야, 구체적으로 뭐가 먹고 싶다고 말하는 것처럼 확실하고 당당하게 네 의견을 말했으면 좋겠어. 화가 날 때는 속 터지게 자꾸 참지 말고, 차라리 한판 뒤집어 엎어버렸으면 좋겠어. 미친 척하고 한번 해봐. 먹고 죽은 귀신이 때깔도 곱고, 할 말 하고 죽은 귀신이 원한이 없다잖아. 자꾸 참으면 병나. 너처럼 예쁜 여자가 병이 나는 건 범세계적인 손실이자 아픔이라고.

그리고 하나만 더! 다른 사람들 걱정하기 전에 너를 먼저 보살폈으면 좋겠어. 이 세상에서 제일 중요한 게 누구야? 너잖아, 바로 너! 다른 사람이 아닌 너 위주로 생각해. 뭔가를 선택할 때 스스로가 행복하지 않으면 그건 좋은 선택이 아니야. 자기 자신이 행복하지 않은데 누가 실망할까 봐, 누구한테 미안해서 하는 선택은 결코 좋은 선택이 될 수 없어.

  다가오는 네 생일에는 뭐가 먹고 싶다고 꼭 말해주면 좋겠어. 구체적인 음식을 콕 찍어서! 비싼 것도 괜찮아. (네가 그런 잔인한 음식을 좋아할 거라고는 생각하지 않지만) 푸아그라를 사달라면 푸아그라를, 보신탕을 사달라면 보신탕을, 곰 발바닥을 사달라면 곰 발바닥을 사줄게. 호텔 스테이크부터 길거리 떡볶이까지 뭐든 다 사줄게. 찍어만 줘. 정말 네가 먹고 싶은 걸로. 폭우 속에서 마지막 잎새를 그려주지는 못하지만, 네가 먹고 싶은 건 뭐든 다 사줄게. 그게, 내 마음이야.

꼭 이유가
있어야 하니?
그냥 재밌으면 해

인디밴드, 인디뮤지션들을 좋아한다. 특히 서정적이고 섬세한 가을방학, 브로콜리 너마저, 어반자카파, 에피톤 프로젝트, 좋아서 하는 밴드, 옥상달빛, 심규선, 손지연을 많이 좋아한다. 반짝거리는 감수성을 가진 이 젊은 뮤지션들의 음악은 노랫말도 무척 참신하고 독특하다. 노래를 들으면서 가끔 가사가 그대로 마음에 꽂히기도 하고, '어떻게 이런 표현을 하지?' 질투를 느끼기도 한다.

이름부터 발랄한 '가을방학'은 노래 제목들도 하나하나 독특하고 매력적이다. 〈가끔 미치도록 네가 안고 싶어질 때가 있어〉, 〈취미는 사랑〉, 〈곳에 따라 비〉…… 좋은 노래가 정말 많지만, 그중에서도 내가 제일 좋아하는 것은 〈속아도 꿈결〉이다. 이 노래를 처음 들었을 때 어떤 정서적 '충격'을 받았다.

가벼운 마음으로 산책을 하며 듣고 있었는데, 갑자기 〈봉별기〉라는 이상의 소설 제목이 노래에서 톡 튀어나왔다. 처음엔 잘못 들었는 줄 알았다. 더 놀라운 건 후렴구였다. 〈봉별기〉의 마지막 장에서 기생 금홍이 헤어진 남자를 만나 은수저로 소반을 딱딱 치며 부르는 구슬픈 창가를 산뜻한 후렴구로 만들어 귀여운 목소리로 노래했다.

산책길을 떠남에 으뜸가는 순간은
멋진 책을 읽다 맨 끝장을 덮는 그때.

인생에 속은 채 인생을 속인 채 계절의 힘에 놀란 채
밤낮도 잊은 채 지갑도 잊은 채 짝 안 맞는 양말로.

산책길을 떠남에 으뜸가는 순간은
멋진 책을 읽다 맨 끝장을 덮는 그때.
이를테면 〈봉별기〉의 마지막 장처럼.

속아도 꿈결 속여도 꿈결
굽이굽이 뜨내기 세상
그늘진 심정에 불질러버려라.

노래는 시종일관 경쾌하고 산뜻했다. 어떻게 이상의 〈봉별기〉처럼 어려운(어렵다고 생각되는) 소설로 이런 예쁜 노래를 만들었지? 너무 신기해서 몇 번이나 반복해 들으면서 생각했다. 아마도 가을방학은 〈봉별기〉를 하나의 '재미있는 이야기'로 읽었을 거라고. 고등학교 국어시간에 배우는 것처럼 문장과 단락을 분석하고, 의미와 주제를 규명하고, 〈봉별기〉와 같은 인물(금홍)이 나오는 이상의 다른 작품(〈날개〉, 〈지주회사〉)과 비교하지는 않았을 거라고. 만약 그랬다면, 이렇듯 발랄하고 예쁜 가사는 결코 나오지 않았을 거라고.

가을방학은 〈봉별기〉를 연구하려고 또는 가사를 쓰려고 읽은 게 아니라, 그냥 아무 강박 없이 '좋아서' 읽었을 거다. 개벽까지는 아니지만, 작은 섬광이 발하는 깨달음이었다. 아, 역시, 좋아서 해야 되는 거구나!

이 세상 어디보다도 경쟁이 심한 사회에서 살다 보니 좋아하는 일, 하고 싶은 일이 있어도 실용적이지 않거나 가시적인 성과를 얻기 어려운 일이면 선뜻 시작하기가 쉽지 않다. 오래전부터 배워보고 싶었던 칵테일 바텐더 과정, 드럼, 기타, 시나리오 작법, 스쿠버다이빙, 이탈리아어…… 다소 생뚱맞고 비실용적인 것들에 시간과 열정을 빼앗기기보다는 야심차게 HSK 5급을 목표로 중국어학원에 등록하거나 새해가 올 때마다 영어 완전정복을 목표로 영어학원을 찾아가는 게 일상적이다.

하고 싶은 일보다는 '해야 될 일'을 정하고 구체적인 목표를 세운다. HSK 5급, 몸무게 46킬로그램, 하루 운동 두 시간에 열량 섭취는 1,200칼로리 이하(이러다 죽는다!), 1년에 책 100권 읽기, 저축은 ○○원 이상, 용돈은 ○원 이하…… 이러니 결국, 다 때려치우게 된다. 이런 비현실적이고 실현 불가능한 목표들로 스스로를 괴롭히다가 하나도 달성하지 못하고 자학과 자책을 거듭하는 것보다는, 해야 될 일들의 목표는 좀 살살 세우고 하고 싶은 일을 하나 시작해보는 게 좋지 않을까.

줄리아 로버츠 주연의 영화로도 만들어지면서 전세계적 베스트셀러로 돌풍을 일으킨 엘리자베스 길버트의 자서전 《먹고 기도하고 사랑하라》를 보면, 그녀의 그 모든 변화의 시작은 바로, 이탈리아어를 배운 거였다. 그녀의 일과 이탈리아어는 아무런 상관도 없었다. 그냥 좋아서, 배워보고 싶어서 삶의 절망 속에서 이탈리아어를 배우기 시작했는데, 그러면서 그 모든 일이 꼬리에 꼬리를 물고 일어났다. (영화를 안 봐서 영화의 설정은 모르겠는데, 뉴욕에서 먼저 이탈리아어를 배우고 그 매력에 빠진 나머지 이탈리아로 떠난다.)

그녀가 만약 그저 좋아서 이탈리아어를 배우는 대신, 이탈리아어의 향후 수요와 전망 등을 따져서 경제가 기울고 있는 이탈리아의 국어를 배우지 않았다면, 그녀는 지금도 우울증에 빠진 채로 뉴욕에 살고 있을지도 모른다. 이탈리아어는 그녀의 일과 전혀 무관하고 어떻게 봐도 돈이 안 되는 일이었지만, 결국 그녀의 인생을 완전히 바꿔놓았다. 그리고 이런 일들은…… 엘리자베스 길버트 같은 유명 작가에게만 일어나는 일은 아니다.

예전에 다니던 회사에 친하게 지내던 후배가 있었다. 매우 창의적이고 재기발랄한 신입사원이었는데, 빡빡하고 수직적인 회사생활을 다소 힘들어했다. 한번은 같이 저녁을 먹는데, 그가 심각하게 말했다.

"선배, 요즘 회사 다니는 게 힘들어요. 딱히 이렇다 할 재미도 없고요."

"그래? 너 취미가 뭐라고 했지? 참, 너 면접할 때 댄스가 특기라고 춤도 췄다며? 댄스동호회 확 들어버려. 재미가 없으면 찾아야지!"

그후 내가 이직을 하고 서로 바쁘게 살면서 연락이 끊어졌는데,

몇 년 전 그가 전화를 해왔다.

"선배, 그동안 연락 못해서 죄송해요. 저, 선배에게 참 고마운 게 있어요. 몇 년 전에 제가 힘들어할 때, 선배가 저한테 '댄스동호회 확 들어버려!' 했던 거 기억나세요? 저 그때, 진짜 바로 다음 날 댄스동호회 가입했거든요. 거기서 여자친구를 만났고, 결혼도 했어요. 일상이 재미있어지니까 모든 일이 다 잘 되더라고요. 저, 창업도 했어요. 하고 싶은 일 하면서 즐겁게 지내고 있어요. 선배, 정말 고마워요."

그는 지금 커리어·재테크 방면의 인기 강사이자 유명 저자로 활발하게 활동하고 있다. 회사 다닐 때보다 훨씬 행복해 보인다. 그에게 모든 일의 시작은 바로, 댄스동호회 가입이었다.

소설가 김영하는 테드엑스서울(TedxSeoul)에서 '예술가가 되자, 지금 당장'이라는 제목으로 이런 멋진 강연을 했다.

마법의 질문이 있어요. 그게 뭐냐 하면 우리가, 나 연극을 좀 해볼까 봐, 뭐 구청에서 하는 연극학교가 있는데 가볼까 봐, 라든가 이탈리아 가곡을 배울까 봐 그러면, 어 그래? 연극? 그거 해서 뭐 하려고 그래? 마법의 질문이에요. 해서 뭐 하려고 그래? 이렇게 물어봅니다. 그런데, 예술이라는 것은 뭘 해서 뭘 하려는 게 아니죠.

예술은 최종의 궁극적인 목적입니다. 그것은 우리 영혼을 구원하고 우리가 즐겁게 살 수 있도록 만들어수는 거예요. 술과 약물의 도움 없이 행복하게 살 수 있도록, 자기표현을 하도록 도와주는 것이죠.

그래서 이런 질문에 대해서, 이런 실용주의자들의 질문에 대해서 우리는 담대하게 대할 필요가 있습니다. 어, 그냥 즐거워서 하는 거야, 재밌어서 하는 거야, 미안해 나만 재밌어서, 내가 좀 먼저 할게, 라고 얘기할 수 있는 사람이 되어야 되는 겁니다.

유튜브로 이 강연을 보고 혼자서 박수를 쳤다. 속이 다 후련했다. 나도 내 주위의 실용주의자들에게 "그거 해서 뭐 하려고 그래?"라는 질문을 수도 없이 들었다.

몇 년 전에 모 신문사의 문화센터에서 철학자 강유원의 '서구 정치사상 고전 읽기'라는 강좌를 들었다. 플라톤의《국가》, 아리스토텔레스의《정치학》, 마키아벨리의《군주론》, 로크의《통치론》등을 함께 읽는 수업이었다. 강좌가 금요일 저녁이라, 10주간 금요일 퇴근 후에 약속을 잡을 수가 없었다. 회식, 각종 모임, 소개팅 등 금요일 저녁 약속이 생길 때마다 수강하는 강좌가 있어서 시간이 안 된다고 하면 사람들은 무슨 강좌냐고 물었고, 내가 '서구 정치사상 고전 읽기'라는 생뚱맞은 대답을 하면 그들은 예외없이 이렇게 물었다.

"그런 거 들어서 뭐 해?"

난 그럴 때마다 말문이 막혔다. "텍스트에 효율적으로 접근하는 방법을 배우고 싶어서" 등 똘똘이스머프 같은 대답을 할 수도 없고…… 딱히 뭐라고 할 말이 없었다. 몇 번 대답을 얼버무린 후에는 그냥 적당한 핑계를 대곤 했다. 만약 김영하의 강연을 일찍 들었다면 당당하게 이렇게 말했을 거다. "재미있어서!"

자아를 확장하고 타인과 교감한다는 목적의식을 가지고 연애를 하는 게 아니듯이, 좋아하는 일은 좋아한다는 이유 하나로 일단 시작하면 되지 않을까? 모든 일에 목적이 있고 수량화된 목표가 있어야 하는 건 아니니까. 당장은 돈 안 되는 일처럼 보이는, 전혀 실용성 없어 보이는 일들이 '박씨 물고 온 제비'처럼 새로운 인연과 기회를 물어다 주기도 한다.

'가을방학'이 아무 상관 없어 보이는 〈봉별기〉를 읽고 〈속아도 꿈결〉 같은 근사한 노래를 만든 것처럼, 어떤 이는 100년 전 소설을 읽다가 인생이 바뀌기도 하고, 재미삼아 연극아카데미에 나갔다가 연극배우로 전업을 하기도 한다. 좋아하는 일이 있다면, 해보고 싶은 일이 있다면 "그런데 그거 해서 뭐 해?" 같은 질문에 기죽지 말고 일단, 시작했으면 좋겠다.

Right Now!

우리는
쿨하게 이별하지만
늘 그 사람 언저리에서
서성이지

지난봄, 이른 아침에 청량리역에서 기차를 타고 5일장이 열리는 정선으로 짧은 여행을 갔다. 한쪽에서는 감자를 팔고, 그 옆에서는 봄나물을 팔고, 그 맞은편에서는 주렁주렁 매달린 마른 생선을 팔고, 또 그 옆에서는 살아 있는 닭들이 펄쩍 뛰어오르고, 다시 그 맞은편에서는 메밀전에 막걸리를 파는…… 맥락없고 정신없이 분주한 시골 장터를 상상했는데, 관광객이 많아서인지 정선 5일장은 너무나 깨끗하고 질서정연하게 구획화되어 있었다. 메밀전병, 콧등치기, 곤드레밥, 묵사발 등을 파는 식당들도 여기저기 흩어져 있지 않고 '먹자골목'에 몰려 있었다.

너무 기대를 한 탓일까, 5일장에서 살짝 실망을 하고 아우라지로 갔는데, 그 잔잔한 아름다움에 그만 반해버렸다. 아우라지는 '나루터'다. 물이 많지 않은 날에 가면 뗏목을 타고 건널 수 있다. 하지만 내가 간 날은 마침 '물이 많은 날'이라서 뗏목을 운행하지 않았다. 뗏목은 한가한 나루터에 외롭게 묶여 있었다.

구절리에서 흐르는 송천과 삼척시 중봉산에서 흐르는 임계면의 골지천이 이곳에서 합류해 '어우러진다' 하여 '아우라지'라는 이름이 붙었다. 흔히 정선을 '아리랑의 고장'이라고 부르는데, 각지에서 몰려

온 뱃사공들의 노랫소리가 끊이지 않던 아우라지가 〈정선아리랑〉 '애정편'의 발상지라고 한다.

  옛날 아주 옛날에, 서로 사랑하는 처녀·총각이 아우라지를 사이에 두고 살고 있었다. 둘은 싸리골로 동백을 따러 가기로 약속했으나 밤새 내린 폭우로 강물이 불어 나룻배가 뜰 수 없게 되자, 얕은 강 하나 때문에 만날 수 없는 절절한 안타까움과 미련을 담아 이런 노래를 불렀다고 전한다.

아우라지 뱃사공아,
배 좀 건너주게.
싸리골 올 동박이
다 떨어진다.
떨어진 동박은
낙엽에나 싸이지,
잠시잠깐 님 그리워
나는 못 살겠네.

  쓸쓸하게 아름다운 아우라지 강기슭에 서 있는 투박한 석판에 노랫말이 큼직하게 씌어 있다. 그 앞에서 나는 한참을 넋을 놓고 서 있었다. '잠시잠깐 님 그리워 나는 못 살겠네.'
  이 한 마디가 너무나 사무쳤다. 강가에 혼자 서서 속절없이 불어나는 물을 바라보며 얼마나 속이 탔을까? 줄에 묶인 채 무심하게 물결 따라 출렁이는 빈 나룻배가 얼마나 야속했을까? 넓지도 깊지도 않은 강 하나를 사이에 두고도 만날 수 없는, 닿을 수 없는 신세가 얼마나 한탄스러웠을까? 그 절절한 안타까움이, 그 솟구치는 슬픔이, 그 애절한 연정이 그대로 전해져서 걸음을 옮길 수가 없었다. 도대체 얼마나, 보고 싶었을까?

그 옛날의 처녀·총각은 사이에 놓인 얕은 강 때문에 만나지 못했다. 물리적으로 만날 수가 없었다. 건너지 못해서, 닿을 수 없어서. 그런데 SNS시대를 사는 21세기의 도시 남녀들은 서로 이어져 있음에도 불구하고 만나지 못한다. 만나지는 못하지만 서로 요즘 뭘 하는지, 어떤 음악을 듣는지, 심지어 오늘 뭘 먹었는지까지 다 알고 있다.

물리적으로는 헤어졌지만, 온라인공간에서는 여전히 이어져 있다. 옛 연인의 집 앞을 서성이듯이 옛 연인의 온라인공간을 기웃거린다. 잘 지내는 것 같으면 다행이라고 안도하면서도 한편으로는 섭섭하고 화가 난다. 내가 없어도 바로 그렇게 잘 먹고 잘 살 수 있는 거였어? 내가 그렇게 아무것도 아니었어? 잘 못 지내는 것 같으면 걱정이 되고 안타까우면서도 한편으로는 슬금슬금 기쁘다. 그래, 이 정도는 힘들어해주는 게 나에 대한 예의지. 넌 내가 없으면 안 된다고! 서로를 의식하며 글을 쓰기도 하고, 수신인을 밝히지 않은 글이지만 알아보고 대화를 나누기도 한다. 1977년생 작가 최민석의 단편 〈쿨한 여자〉에서처럼.

하지만 서로의 동향을 파악하고 있는 것을 기준으로 한다면, 우리는 만날 때보다 더 자주 서로를 찾았다. 그녀가 이별 후에 가장 먼저 한 일은 온라인상에 있던 나와의 모든 연결망을 끊어버린 것이었다. 온라인 네트워크의 일촌관계는 물론 주로 쓰던 메씬저 친구부터 거의 쓰지도 않는 메씬저까지. (……)

그러니 의아할 수밖에 없었다. 모든 접근경로를 차단하더니 오히려 온라인상에서 나를 열심히 찾고 있었다는 것이. 우연의 일치라고 생각했지만, 내가 미니홈페이지에 게시물을 하나 올리면, 그녀는 마치 대화하듯이 그녀의 미니홈페이지에 답장을 남겼다.

아우라지에서 '잠시잠깐 님 그리워 나는 못 살겠네'라는 절절한 노랫말을 봤을 때, 솔직히 부러웠다. 그렇게 거침없고 솔직하게 서로를 그리워한다는 것이, 비가 잦아들고 다시 나룻배가 다니면 당장이라도 달려갈 수 있다는 것이.

그날, 정선 가는 기차에서, 차창으로 봄날의 햇살이 가득 들어오는 기차에서 나는, 창밖의 아름다운 풍경을 바라보는 대신 헤어진 남자의 트위터를 보고 있었다. 나와 헤어진 후 요리에 흠뻑 빠진 남자는 그날도 새로운 요리 사진을 올렸다. 일본 만화 《심야식당》에 나오는 그 많은 음식을 다 만들어보는 것 같았다.

그날 올린 음식은 카레였다. 잘 익은 주황색 당근과 노란색 카레가 심플하고 단아한 흰색 접시와 너무나 잘 어울렸다. 감자며, 당근이며, 양파며, 고기며…… 혼자 먹을 거면서 참 반듯하고 예쁘게도 썰었다. 도대체 무슨 생각으로 그렇게 매일 요리를 하는 걸까? 음식 사진을 매일 트위터에 올리는 건 도대체 어떤 심리일까? 만들어서 다 먹기는 하는 걸까?

그가 요리를 하고 사진을 찍어서 트위터에 올리고는, 한 술을 뜨고 더 먹을 수가 없어서 애써 만든 음식을 다 버리는 상상을 했다. 그렇게 생각해야 마음이 편했다. 그가 좀 괴로워하고, 한동안이라도 잘 못 먹고 잘 못 살기를 바랐다. (내가 생각해도…… 참, 못됐다.) 하지만 그는 너무나 건강하고 생산적으로 잘 살고 있는 것 같았다. 음식 사진을 하나 올릴 때마다 수많은 여자가 멘션을 보냈다.

"넘 맛있어 보여요!!! 요리책 내셔도 되겠어요!"
"레시피 좀 공유해주세요. 저도 만들어보고 싶어요."
"같이 먹는 분은 정말 행복하시겠어요!"
"저 초대해주시면 안 돼요? 직접 먹어보고 싶어요!!"

그의 음식 사진과 그에 반응하는 여자들의 작업성 멘션을 볼 때마다, 나도 매우 행복하고 활기찬 글들을 트위터에 올렸다. 나도 즐겁고 신나게 잘 살고 있다는 걸 보여줘야 했다. 정선 가는 기차에서도 속은 부글부글 끓으면서도 행복에 겨워하는 표정으로 찍은 '셀카'를 트위터에 올렸다. 물론, 그가 보기를 바라는 마음에서.

오랜만에 떠난 봄나들이에서 창밖 풍경을 즐기는 대신 스마트폰이나 들고 앉아서 트위터를 들여다보며 분노하고 누구 보란 듯이 셀카나 올리다가 아우라지에서 그 절절한 노랫말을 봤을 때, 난 뭐라 말할 수 없이 부끄러웠다. 이름 모를 아우라지의 처녀·총각에게 미안하기까지 했다.

　나룻배가 없어서 얕은 강 하나를 건너지 못해 그렇게 애달파하면서 못 만나는 연인도 있는데, 실시간으로 이어져 있으면서도 모르는 척 살고 있구나. 속은 헛헛하고 쓰라리면서도 시트콤 PD라도 된 것처럼 명랑하고 즐거운 척 연출을 하고 있구나. 떠났으면서도 쿨하게 떠나지 못하고 엉거주춤 서성이고 있는 나는 도대체 뭘까? 나는 왜 그렇게 서성이고 있었던 걸까?

　최민석의 〈쿨한 여자〉를 읽으면서 나만 그런 건 아닌 것 같아 생뚱맞은 동지의식 또는 안도감을 느꼈다. 아마도 나의 서성거림은…… SNS시대의 이별의식? 이별한 누구나 거쳐가는 통과의례? 그 옛날 아우라지를 사이에 두고 서로를 그리워했던 처녀·총각의 시대에도, 오늘날 SNS의 시대에도, 이별을 치유하는 건 시간밖에 없다. 시간이 지나면서 자연스럽게 방문 횟수가 줄고 점차 서로를 의식하지 않게 된다. 점점, 바람 없는 강에 나룻배가 지나가듯이 천천히, 그렇게 멀어져 간다.

　그는 더 이상, 음식 사진을 올리지 않는다. 나는 더 이상, 쓸데없이 명랑한 척하지 않는다. 더 이상, 서로가 서로를 의식해서 글을 쓰지도 사진을 올리지도 않는다. 그리고 그렇게, 서서히 멀어져간다.

　끈적거리지 않고 쿨～하게, 빛의 속도로 이별했지만 실제로 이별을 하는 데는 시간이 걸린다. 그래서 자꾸 서로의 온라인공간을 찾아가 서성이게 된다. 스토킹을 하듯이 매일 들락거리면서, 몇 줄 안 되는 글에 온갖 의미를 부여하고 이리저리 해석하면서, 극과 극을 오가는 감정의 출렁임에 멀미를 하면서…… 그렇게 나를 포함한 SNS시대의 수많은 남녀는 지금, 헤어지는 중입니다.

누군가를
사랑했다는 건
그때의 나 자신을
사랑했다는 거야

"야! 너 수선이 맞지? 정말 오랜만이다!"

회사 근처 식당에서 점심을 먹고 들어가는 길, 세련된 슈트에 뿔테안경을 낀 마르고 키 큰 남자가 큰 소리로 날 부르더니 몹시 반가워하며 말했다. 그런데, 난 그 남자가 누군지, 기억이 나지 않았다. 분명히 어디서 많이 본 얼굴인데, 누군지 생각나지 않았다. 학교 선배? 고등학교, 대학, 대학원…… 전 직장 동기 또는 선배? 그것도 아니면 먼 친척?

누군지 몰랐으므로 존댓말을 써야 할지 반말로 얘기해야 할지도 알 수 없었다. 도무지 기억나지 않는 주관식 답을 생각해내려 머리를 쥐어짜던 고3 때보다 더 필사적으로 누군지 기억해내려 애쓰고 있는데, 그 남자가 먼저 말했다.

"명함 있으면 한 장 줘라. 여기서 근무해?"

그런데 또 하필, 명함이 없었다. 회사 바로 옆 식당에 점심을 먹으러 나온 터라 명함지갑을 지니고 있지 않았다. 그가 계속 반말을 쓰는 것으로 보아 학교나 전 직장의 선배일 가능성이 높은 것으로 판단하고 대답했다.

"아, 죄송해요. 제가 지금 명함이 없어요."

"그래? 나도 지금 명함 없는데. 그럼 너 번호 좀 불러줘."

난 얼결에 번호를 불렀고, 그는 바로 내게 전화를 했다.

"내 번호 찍혔지? 전화해라. 점심이나 한번 먹자."

그렇게 그와 헤어지고 나서도 그 남자가 누군지 도무지 생각나지 않았다. 핸드폰에 찍힌 그의 전화번호를 뭐라고 저장해야 할지 난감했다. 한참 고민한 끝에, 혹시라도 올지 모르는 전화에 대비해서, 이런 이름으로 번호를 저장했다. '누군지 기억나지 않는 선배'. 그후로 몇 날 며칠을 더 고민했으나 끝내 누군지 기억나지 않았다. 그리고 다행히, 그 남자에게서는 전화가 오지 않았다.

누구나 한번쯤은 이 비슷한 경험이 있을 거다. 우연히 누구를 만났는데 누군지 도무지 기억나지 않을 때, 상대방이 기분 상할까 봐 누군지 물어보지도 못하고 같이 반가운 척하는 시트콤 같은 경우. 전화도 마찬가지다. 요즘은 번호라도 찍히지만, 누구나 한번쯤 "나야!"라는 전화에 당황한 적이 있을 거다. 누가 너무 친한 척하거나 반가워하면, 누군지 물어보기도 난처하고 기억이 안 난다고 솔직히 말하기도 곤란하다. 20년 전의 친구가 불쑥 전화를 한다면 어떨까? 이름만 어렴풋이 기억나는 초등학교 동창이 전화를 해온다면?

그 유명한 《위대한 개츠비》를 쓴, 20세기 미국 문학을 대표하는 작가 스콧 피츠제럴드(Francis Scott Key Fitzgerald, 1896~1940)의 단편 〈비행기를 갈아타기 전 세 시간〉은 바로 이런 상황을 다룬다. 32세의 '도널드'라는 남자가 막 비행기에서 내렸다. 환승할 비행기를 타기까지 세 시간이 남았다. 세 시간 동안 무엇을 할 것인가? 그는 그 도시에 살고 있는 초등학교 동창이자 첫사랑인 낸시에게 20년 만에 전화를 한다.

"여보세요?"

"여보세요, 기포드 부인 계십니까……? 옛날 친구인데요."

"제가 바로 기포드 부인인데요."

그 목소리에서 그는 장난기 섞인 매력을 기억해 냈거나 기억해 냈다는 생각이 들었다.

"나 도널드 플랜트야. 열두 살 때 만나고는 지금껏 너를 한번도 만난 적이 없지."

"어, 어, 어머나!" 몹시 놀란 어조로 아주 정중하게 말했지만 그는 그녀의 목소리에서 기쁘다거나 알고 있다는 듯한 기색을 느낄 수 없었다.

"……도널드라고!" 목소리의 주인공이 덧붙였다. 이번에는 기억을 더듬는 이상의 그 무엇이 감돌았다.

"……이 읍내엔 언제 돌아온 거야?" 그러고 나서 정중하게 말을 이었다.

"지금 어디에 있는데?"

"지금 공항에 있어……. 몇 시간밖에는 시간이 없어."

"그럼, 이곳으로 날 찾아오지 않겠어?"

"설마 지금 잠을 자려는 건 아니겠지."

"천만의 말씀!" 그녀가 큰 소리로 말했다. "아까부터 앉아서…… 혼자서 하이볼을 마시고 있는 중이었어. 택시 기사에게 말만 하면……."

이렇게 해서 도널드와 낸시는 20년 만에 재회한다. 마침 낸시의 남편은 출장중이었고, 도널드와 낸시는 어린 시절 얘기를 하면서 서로에게 친밀감 이상의 호감을 느낀다. 그런데, 대화가 자꾸만 엇나간다. 동일한 사건에 대해서 둘의 기억이 일치하지 않는다. 서로 전혀 다르게 기억하고 있다.

　"말하기 부끄럽지만…… 싫지는 않은데. 그때 난 네가 그렇게 내게 열중해 있었는지 몰랐지 뭐야. 열을 올린 건 오히려 내 쪽이라고 생각했거든."
　"네가!" 그가 감탄하며 소리를 질렀다. "드럭스토어에서 나에게 퇴짜를 놓은 거 기억나지 않니?" 그가 웃었다. "나에게 혀를 내밀었잖아."
　"전혀 기억이 나지 않는데. 나에게 퇴짜를 놓은 건 너 같은데."

　대화는 이런 식으로 엇나갔지만, 도널드는 이상하게 생각하지 않는다. 20년 전의 기억을 둘이서 똑같이 보존한다는 것은 불가능하니까. 오히려 20년 전의 첫사랑 낸시에게 아직도 설렘을 느끼는 <u>스스로의 모습</u>에 놀란다. 도널드가 감상에 젖어 있을 때, 낸시는 어린 시절 사진들이 담긴 앨범을 들고 온다.

　"네 사진이야." 그녀가 소리를 질렀다. "어서 봐!"
　그는 사진을 쳐다보았다. 요트를 배경으로 반바지를 입은 작은 사내아이 하나가 부두에 서 있었다.

"기어이 나는군······." 그녀가 의기양양하게 웃어댔다.

"······그 사진을 찍은 바로 그날 말이야. 키티가 찍은 걸 내가 훔쳤지."

잠시 동안 도널드는 사진 속의 자신을 알아볼 수 없었다. 몸을 좀 더 앞으로 구부리고 쳐다보았지만, 도무지 자신이라는 느낌이 들지 않았다.

"내가 아닌데." 그가 말했다.

"맞다니까 그러네. 프런티낙에서였어······. 그해 여름 우리는······ 우리는 동굴에 가곤 했잖아."

"무슨 동굴 말이야? 난 프런티낙엔 사흘밖에는 있지 않았어." 그는 눈을 가늘게 뜨고 약간 노랗게 바랜 사진을 다시 한 번 쳐다보았다. "그건 내가 아냐. 도널드 바워스란 말이야. 우린 서로 좀 닮은 데가 있었지."

낸시는 경악한다. 이름은 같지만 성은 다른 '도널드 플랜트'를 '도널드 바워스'로 착각한 거였다. 낸시의 첫사랑은 지금 20년 만에 재회한 '도널드 플랜트'가 아니라 사진 속의 작은 사내아이 '도널드 바워스'였다. 패닉에 빠진 낸시는 마구 소리를 지른다.

"플랜트! 바워스! 내가 정신이 나간 모양이군. 아니면 술을 마셨기 때문일까? 처음 너를 보았을 때도 조금 헷갈렸지. 이봐! 도대체 내가 너에게 무슨 말을 했지?"

패닉에 빠질 만도 하다. 첫사랑과 재회한 감상에 젖어 도널드와 키스까지 했으니까. 그런데 키스를 하자마자 그 도널드가 이 도널드가 아니라는 사실을 알았으니까. 경기를 일으키는 낸시 앞에서 불쌍한 도널드는 말한다.

"낸시, 다시 한 번 키스해 줘." 그는 그녀의 의자 옆에 한쪽 무릎을 꿇고 그녀의 어깨에 한 손을 얹어놓으며 말했다. 그러나 낸시는 몸을 빼었다.

"비행기를 타야 한다고 했잖아."

"괜찮아. 놓쳐도 상관없다고. 그렇게 중요하지 않아."

"제발, 그만 가줘." 그녀는 냉정한 목소리로 말했다.

"그리고 내 기분이 어떤지도 헤아려줘."

"하지만 넌 마치 나를 기억하지 못하는 것처럼 행동하고 있잖니."

그가 큰 소리로 말했다. "……마치 도널드 플랜트를 기억하지 못하는 것처럼 말이야!"

"기억해. 너도 기억한다고……. 하지만 그건 아주 오래전의 일이잖아."

그녀의 목소리가 다시 한 번 굳어졌다.

"택시 전화번호는 크레스우드 8484번이야."

이렇게 도널드와 낸시의 20년 만의 재회는 썰렁하게 끝난다. 그 도널드가 이 도널드가 아니란 걸 알았기에. 키스까지 했던 도널드는 헛물을 켜고 공항으로 떠난다.

이 시트콤 같은 상황에서 몇 가지 설정을 바꿔보면 어떨까?

- 도널드가 어렸을 때 친구가 아니라 아예 처음 만난 남자라면 어땠을까?
- 도널드 플랜트가 아니라 도널드 바워스라면 어땠을까?
- 사진을 보고 그 도널드가 이 도널드가 아니라는 건 알았지만, 이 도널드가 모든 상황을 종료시킬 멋진 남자라면 어땠을까?

사실, 도널드 바워스건 도널드 플랜트건 얼굴도 기억 못하면서, 그 도널드는 되고 이 도널드는 안 되는 건 웃기다. 낯선 남자가 불쑥 찾아와서 도널드 바워스라고 해도 모를 텐데, 사진만 안 봤다면 끝까지 플랜트와 바워스를 구별하지 못했을 텐데.

이 소설은 이런 생각을 하게 한다. 영화 〈건축학개론〉처럼 첫사랑을 만나면 여전히 가슴이 떨리는 건, 첫사랑이 아직도 아련해서일까? 아니면 그(그녀)를 사랑했던 그때 그 시절의 나, 어리고 풋풋했던 나, 지나버린 시절의 손에 잡힐 것만 같은 기억들을 사랑하기 때문일까?

낸시의 경우는 후자에 속하는 것 같다. 자신의 기억을 사랑하기에, 잠자고 있던 기억을 환기시켜준 도널드는 다정하게 맞이했지만, 그 기억을 망가뜨리는 도널드는 용납할 수 없는 것이다. 오지은의 노래 〈날 사랑하는 게 아니고〉의 가사처럼. '날 사랑하는 게 아니고 날 사랑하고 있단 너의 마음을 사랑하고 있는 건 아닌지. 날 바라보는 게 아니고 날 바라보고 있단 너의 눈을 바라보고 있는 건 아닌지.'

얼마 전, 친구와 함께 자주 가는 부대찌개집에 저녁을 먹으러 갔다가 50대 첫사랑 남녀의 재회를 목격했다. 몇십 년 만의 재회에 어울리지 않게, 그들은 행여나 국물이 튈까 앞치마까지 하고 앉아 주거니받거니 소주를 마시고 있었다. 저녁 9시도 되지 않았는데 테이블에는 빈 소주병이 몇 병이나 있었다. 얼굴은 불콰했고, 혀는 마구 꼬였고, 목소리는 계속 커졌다(듣고 싶어서 들은 게 아니다).

"넌 정말 초등학교 때랑 하나도 안 변했어! 세월이 너만 비켜갔나 봐."

옆 테이블에 앉은 나는 표정관리를 하기가 힘들었다. 남자는 전면적인 대머리였고, 여자는 몸에 작은 투피스를 입고 나왔는지 꽃분홍 재킷의 단추 사이로 뱃살이 삐죽 튀어나와 있었다. 남녀는 어렸을 때 친구들 이야기, 그동안 살아온 이야기, 만약 우리가 결혼을 했더라면 어땠을까 등의 얘기를 쉬지 않고 쏟아냈다. 그러다 소주 섭취량이 더 늘어나면서 대화의 방향은 다소 급진적이고 현실적으로 흘러갔다. 남자는 나가서 조용한 데로 가자고 말했고, 여자는 돈이 필요하다는 얘기를 꺼냈다.

옆에서 듣고 있자니 매우, 씁쓸했다. 만나지 않았다면 좋았을 텐데, 만나지 않았다면 삶이 퍽퍽하고 힘들 때 떠올릴 추억거리 하나쯤은 간직할 수 있었을 텐데. 괜히 만나서 좋았던 시절의 기억이 먹다 남은 부대찌개의 우동사리처럼 퉁퉁 불어서 다 퍼져버렸다. 친구와 나는 너무 안타까워서 계획에 없던 소주를 한 병 시켰다. 그리고 건배했다. 추억은 추억으로 남겨두는 걸로!

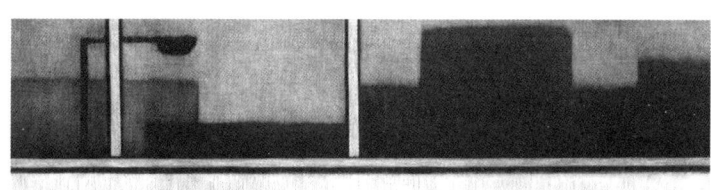

지금 그 정도면
괜찮아,
잘하고 있어,
불안해하지 마

●

　거의 항상, 아침 비행기를 타야 할 때면 난 밤을 새운다. 혹시라도 새벽에 못 일어날까 봐, 그래서 혹시라도 비행기를 놓칠까 봐. 비행기는 내게 설렘이라기보다는 강박이다. 출장을 자주 다니다 보니 비행기에 관한 걱정과 근심, 두려움과 강박이 항상 나를 따라다닌다. 비행기를 놓치면 어쩌지? 연착하면 어쩌지? 결항하면 또 어쩌지?……

　가끔, 아니 가끔보다 자주 비행기를 놓치는 악몽을 꾼다. 제일 무서운 건 태풍이나 폭우로 인한 결항이나 연착이 아니라, 늦잠을 자서 비행기를 놓치는 것이다.

　아침 8시 비행기를 타려면 두 시간 전인 6시까지는 인천공항에 도착해야 하고, 그러려면 5시 전에는 집에서 나가야 한다. 즉, 새벽 4시에는 일어나야 된다. 만에 하나 알람소리를 못 듣고 못 일어난다면 비행기를 놓치게 된다. 여행 가는 것도 아니고 출장 가는 비행기를! 혼자 사니 깨워줄 사람도 없다. 알람을 몇 개씩 맞춰놔도 도통 안심이 되지 않는다. 그래서 그냥 무식하게, 원천적이고 근본적인 대책으로, 밤을 꼬박 새운다. 비행기에서 자면 된다는 우격다짐으로.

　누구에게나 크고 작은 불안이나 강박을 야기하는 요소가 하나쯤은 있을 거다(하나도 없다면, 정말 행복한 사람이다!). 수험생에게는 시험이, 취업준비생에게는 취업이, 노총각에게는 결혼이, 월말의 영업사원에게는 실적이, 빚진 사람에게는 빚쟁이의 전화가, 결혼생활이 고달픈 며느리에게는 시어머니의 호출이, 상사와 불화가 있는 직장인에게는 피하고 싶은 상사의 얼굴이, 확실하게 마르지 못한 거의 모든 여자들에게는 다이어트에 대한 강박이…… 그리고 외로운 골키퍼에게는 페널티킥의 공포가.

난 축구를 잘 모르지만, 경기를 보다 페널티킥을 차는 순간이 되면 숨이 멎을 것 같다. 특히 승부차기를 할 때면 골키퍼가 불쌍해서 눈물이 날 것 같다. 승부차기를 할 때 골키퍼는 도대체 얼마나 무섭고 두렵고 외로울까? TV 뒤로 숨은 그 많은 사람이 지켜보는 가운데, 목숨 걸고 공을 차는 최고의 키커들을 상대로 골대를 지켜내야 하는 골키퍼의 외로움은, 혼자서 지구를 지켜야 하는 슈퍼맨, 배트맨, 스파이더맨……의 고독을 다 합친 것보다 몇천만 배는 더 크고 더 잔혹하고 더 비장할 거다.

오죽하면 승부차기를 '11미터의 러시안 룰렛'이라고 부를까? 페널티키커와 골키퍼의 거리는 11미터. 시속 120킬로미터로 공을 차면 골키퍼에게까지 걸리는 시간은 단 0.3초. 골키퍼는 키커의 움직임만으로 공의 방향을 예측하고 어느 한쪽으로 몸을 날려야 한다.

여기 페널티킥 앞에 선 골키퍼의 그 끔찍하고 가혹한 불안에 대해 이야기하는 소설이 있다.

오스트리아 작가 페터 한트케(Peter Handke, 1942~)의 《페널티킥 앞에 선 골키퍼의 불안》(원제 : Die Angst des Tormanns beim Elfmeter, 1970)은 한 남자의 극심한 불안과 강박을 섬세한 언어와 정교한 구조로 보여주는 역작이다. 같은 제목으로 1971년에 영화화되기도 했는데, 바로 〈파리 텍사스〉와 〈베를린 천사의 시〉로 세계적 명성을 얻은 빔 벤더스 감독의 데뷔작이다.

> 이전에 꽤 유명한 골키퍼였던 요제프 블로흐는 건축 공사장에서 조립공으로 일하고 있었는데, 아침에 일하러 가서는 자신이 해고되었음을 알게 되었다. 일꾼들이 모여 있는 대기실의 문을 열고 들어갔을 때, 마침 오전 새참을 먹고 있던 현장감독이 그를 힐끗 올려다보는 순간 그는 그것을 해고 표시로 이해하고 공사장을 떠났다.

소설은 이렇게 시작된다. 한때 꽤 유명했던 골키퍼 출신의 공사장 인부 요제프 블로흐가 석연치 않게 실직을 하는 순간으로부터. 블로흐는 극장·카페·호텔 등을 아무런 목적 없이 혼자서 배회하다가 우발적으로 한 여자를 살해하고, 경찰의 추적을 피해 국경 마을로 도피한다.

기본적인 서사는 '살인자의 도피'지만, 범죄소설처럼 스릴 넘치는 추적 과정이나 서스펜스 있는 사건들을 부각시키는 것이 아니라, 주인공의 심리에 초점을 맞추고 있다. 그의 극심한 불안과 강박에 대해서.

공간적으로 소설의 마지막 장소는 축구경기장이다. 전직 골키퍼였던 블로흐는 경기장에서 우연히 만난 사람에게 질문한다. 축구경기를 관람할 때, 공격하는 시점에서 처음부터 공격수는 보지 않고 그가 향하는 골문 앞에 선 골키퍼를 주목해서 본 적이 있느냐고.

"공격수나 공으로부터 시선을 돌려 골키퍼만 바라보는 일은 대단히 어려운 일이죠." 하고 블로흐는 말했다. "공에서 시선을 돌리는 것은 정말 부자연스러운 일이니까요." 그는 사람들이 공 대신, 양손을 허벅지에 대고 앞으로 달려 나갔다가 뒤로 뛰어들어 왔다가 왼쪽으로 오른쪽으로 몸을 움직이면서 자기편 수비수들에게 고함을 지르는 골키퍼를 쳐다보아야 한다고 했다. "그러나 통상적으로 사람들은 골문을 향해 슈팅이 되었을 때에야 비로소 골키퍼를 보게 되죠."

축구경기를 볼 때 관중들의 시선은 당연히 공격수를 따라, 즉 공을 따라 움직인다. 공이 골문을 향해 슈팅되었을 때를 제외하고는 누구도 골키퍼를 쳐다보지 않는다. 골키퍼는 그렇게 외롭게, 혼자 서 있다가 공이 골대를 향해 날아오면 몸을 날려 공을 막아내야 한다. 특히 페널티킥 앞에서는 키커의 움직임만으로 공의 방향을 예측해서 슈팅도 하기 전에 미리 몸을 날려야 한다. 키커는 골대에 공을 넣으면 점수를 얻지만, 골키퍼는 공을 막아내면 본전이고 못 막아내면 실점을 한다. 그것 참 얄궂은 운명이다.

살인을 저지르고 경찰에 쫓기는 상태에서 들른 축구경기장에서 전직 골키퍼 블로흐는 페널티킥 앞에 선 골키퍼를 보게 된다. 경찰의 추적을 당하고 있는 살인자의 불안과 페널티킥 앞에 선 골키퍼의 불안, 이 두 가지가 교차되어 증폭된 불안의 최대치를 보여준다.

페널티킥이 선언되었다. 관중들은 골문 뒤로 달려갔다.

"골키퍼는 저쪽 선수가 어느 쪽으로 찰 것인지 숙고하지요." 하고 블로흐가 말했다. "그가 키커를 잘 안다면 어느 방향을 택할 것인지 짐작할 수 있죠. 그러나 페널티킥을 차는 선수도 골키퍼의 생각을 계산하지 않을 수 없습니다. 그래서 골키퍼는, 오늘은 다른 방향으로 공이 오리라고 다시 생각합니다. 그러나 키커도 골키퍼와 똑같이 생각을 해서 원래 방향대로 차야겠다고 마음을 바꿔 먹겠죠? 이어 계속해서, 또 계속해서……."

골키퍼와 키커가 11미터를 사이에 두고 서서 서로를 직시하며 신경전을 벌인다. 피를 말리는 지독한 심리전이다. 그것도 그 짧은 순간에 중대한 판단을 해야 하는. 김밥집에서 매번 참치김밥을 시킬지 치즈김밥을 시킬지 선택하지 못해 이랬다저랬다 하는 우유부단한 사람은 죽었다 깨나도 감당 못할 상황이다.

"공을 차기 위해 키커가 달려 나오면, 골키퍼는 무의식적으로 슈팅도 되기 전에 이미 키커가 공을 찰 방향으로 몸을 움직이게 됩니다. 그러면 키커는 침착하게 다른 방향으로 공을 차게 됩니다." 하고 블로흐가 말했다. "골키퍼에게는 한 줄기 지푸라기로 문을 막으려는 것과 똑같아요."

'한 줄기 지푸라기로 문을 막다.' 블로흐의 그 모든 불안을 집약

해서 보여주는 문장이다. 소설은 요제프 블로흐라는 남자를 바짝 붙어서 따라다니며 촬영한 다큐멘터리처럼 그의 행동 하나하나를 세세하게 보여준다. 표정, 동작, 말 한 마디 한 마디에서 드러나는 극심한 불안과 강박을.

'불안은 영혼을 잠식한다'는 말이 있다. 김윤아의 노래 제목이기도 하고, 파스빈더 감독의 영화(원제 : Angst Essen Seele auf, 1974) 제목이기도 하고, 아랍 속담이기도 하고, 나의 문제이기도 하고…… 이 숨가쁘고 '빡센' 세상을 살아가는 거의 모든 사람의 문제이기도 하다.

난 가끔 '쿨하다'는 말을 듣는다. 강한 척, 센 척, 대범한 척, 쿨한 척, 아무렇지 않은 척…… 하다 보니 그런 말을 듣게 되었다. 하지만 속으로는 정말, 불안해서 죽을 것 같다. 갑자기 늙어버릴까 봐, 만나야 할 사람을 끝내 못 만날까 봐, 밤늦게 먹으면 살찔까 봐, 하는 일이 제대로 안 될까 봐, 누가 나를 욕할까 봐…… 결과가 어떻게 나올지 불안해서 건강검진을 제때 못하고, 아침 비행기를 놓칠까 봐 불안해서 우격다짐으로 밤을 새운다.

트위터에서 저명한 스님이나 목사님들은 "불안을 피하지 말고, 불안과 벗하라" 같은 좋은 말씀을 거의 매일 해주시지만, 말처럼 쉬운 일이 아니니까 '좋은 말씀'인 거다.

가끔 너무 불안해서 친한 친구에게 불쑥 전화해서 물어보기도 한다. "나 그래도 잘하고 있는 거 맞지?"

나도 같은 전화를 가끔보다 자주 받는 걸 보면(오늘도 후배 한 명이 "저 그래도 잘하고 있는 거 맞죠?"라는 카톡을 보내왔다), 남들도 별반 다르지 않은 것 같다. 모두가 불안하고, 불안을 이겨내기 위해서 누군가의 인정을 필요로 한다.

　가끔 내가 물어보기 전에, 누가 먼저 말해주면 좋겠다. 거짓말이라도 좋으니까. 넌 참 잘하고 있다고, 지금처럼만 계속 하라고.

다 아는 줄 알지만,
사람들은 그저
서로를 짐작할 뿐이야

벌써 몇 년 전, 한 일간지의 사회면 단신기사를 보고 기자에게 메일을 보낸 적이 있다. 한 대학생의 자살을 보도한 기사였다. 정확히 기억나지는 않지만, 대략 이런 내용이었다.

'중견기업 사장을 아버지로 둔 ○○대 경영학과 K씨가 한강에 투신하여 자살했다. K씨는 ○○○시험을 준비중이었고, 투신한 날은 1차 시험 직전으로 시험에 대한 지나친 강박이 이유인 것으로 추정된다.'

신문 사회면에서는 거의 매일 이런 기계적인 단신들을 보게 되지만, 왠지 이 기사를 읽은 날 유독 분노가 치밀었다. 한 인간의 죽음에 대해 이렇게 멋대로 써도 되는 것인가? 고시생은 시험에 대한 강박 때문에, 독신녀는 극복할 수 없는 외로움 때문에, 연예인은 급락하는 인기와 우울증 때문에, 사업가는 부도에 대한 극도의 두려움 때문에…… 무슨 공식처럼 목숨을 끊는 것인가? 한 인간의 죽음이 그토록 간단한 것인가?

문법도 제대로 맞지 않는 것으로 보아 신입으로 '추정'되는 기자에게 사인(死因)을 너무 단정적으로 보도한 것 아니냐고 문의 또는 항의하는 메일을 보냈다. 답장을 기대한 건 아니고 즉각적인 분노의 리액션이었는데, 뜻밖에 바로 답장이 왔다. 기자는 정말 신입이었고, 선생님한테 혼난 학생의 반성문 같은 짧지 않은 메일을 보내왔다. 사실 자기가 직접 취재한 것은 아니다, 경찰에서 받은 브리핑이다, 혹시나 추가적인 정보가 입수되면 알려주겠다…… 두꺼운 책 몇 권으로도 다 설명할 수 없는 한 인간의 삶과 죽음은 그렇게 해서 몇 줄짜리 단신기사가 되는 것이다.

김연수의 단편 〈다시 한달을 가서 설산을 넘으면〉을 읽으면서 몇 년 전의 그 사회면 단신기사가 떠올랐다. '시험에 대한 지나친 강박'이라는 몇 글자로 설명된 한 대학생의 죽음. 신문 사회면에서는 그 모든 사건이 단 몇 줄로 압축되고 요약된다. 하지만 사랑하는 사람의 죽음이라면? 그것도 돌연한 자살이라면? 여자친구가 단 한 마디의 말도 없이, 편지 한 장 남기지 않고 돌아올 수 없는 곳으로 떠나버렸다면?
소설 속 배경은 1986년, 대학생인 주인공의 여자친구는 짧은 유서 한 장만 남기고 한강에 투신했다.

"부모님, 그리고 학우 여러분! 용기가 없는 저를 용서해주십시오. 야만의 시대에 더이상 회색인이나 방관자로 살아갈 수는 없었습니다. 후회는 없어"

아무런 예고도 사전통보도 없이, 주인공은 덩그러니 혼자 남겨졌다. 유서에는 그 흔한 사랑한다는 말도, 미안하다는 말도 없다. 도대체 어떻게 여자친구의 납득할 수 없는 죽음을 이해해야 할까?

처음 그 얘기를 들었을 때, 그는 여자친구가 죽었다는 사실을 자각하지도 못한 채 서운하다고만 생각했다. 그토록 사랑했다면 최소한 유서에다가 자신에 대해서는 언급했어야 하는 게 아닌가. 유서의 어디에도 그의 흔적은 남아 있지 않았다. 여자친구에게 그는 은밀한 존재였거나, 아니면 아무런 의미도 없었음이 분명했다.

주인공은 불면의 날들을 견디기 위해 소설을 읽기 시작한다. 동아리로 산악부 활동을 했던 건장한 그가 아무것도 하지 않고 학교 도서관에 틀어박혀 하루에 두 권씩 소설을 읽는다. 그러다 도서관에서 우연히 여자친구가 죽기 전 마지막으로 읽은 책을 발견한다. 혜초의 《왕오천축국전》 해설본. 그때부터 그는 《왕오천축국전》을 외우다시피 읽고 상상하며, 한편으로 소설을 쓰기 시작한다. 여자친구의 죽음을, 자신에게 일어난 일을 이해하기 위해. 그러고는 자신이 쓴 소설을 여자친구가 마지막으로 읽은 《왕오천축국전》의 해설자에게 보낸다. 마지막 연결고리를 잡는 심정으로.

얼결에 그 소설의 첫 번째 독자가 된 해설자 '나(이 소설의 화자)'를 만난 주인공은 술에 취해 하소연한다.

교수님은 혜초를 다 이해하시잖아요. 어머니를 아내로 삼는 나라에 대해서도 다 이해하시잖아요. 혹시라도 이해하지 못할까봐 주석을 다 달아놓으시잖아요. 저는 제 여자친구가 왜 자살했는지도 이해하지 못하거든요. 그걸 이해하려고 소설까지 썼는데도 아직도 이해하지 못하거든요. 제 여자친구가 마지막으로 읽은 책이 교수님이 펴낸『왕오천축국전』이에요. 걔가 도대체 무슨 마음으로 죽기 전에 그런 책을 읽었는지 그것도 모르겠어요. 하지만 교수님은 다 아시잖아요. 고작 227행뿐인 두루마리를 가지고 한권의 책을 쓰시잖아요.

《왕오천축국전》은 신라 승려 혜초가 727년에, 그러니까 지금으로부터 1,285년 전에 쓴 여행기다. 누군가는 1,285년 전에 씌어진 기록물도 이해하는데, 고작 227행뿐인 두루마리를 한 권의 책으로 만들어내는데, 자신은 여자친구의 죽음조차 이해하지 못한다고 느끼는 어린 주인공의 자괴감이 절절하다. 소설까지 쓰며 안간힘을 써봐도 도무지 이해할 수도 받아들일 수도 없는 막막함과 절망감.

산악부원이었던 주인공은 1988년, 히말라야 낭가파르바트 등정대의 일원이 되어《왕오천축국전》의 배경이기도 한 파키스탄으로 떠난다. 산스크리트어로 '벌거벗은 산'이라는 뜻의 낭가파르바트, 8,125미터의 설산을 등반하며 그는 마지막 순간까지 여자친구의 죽음을 이해하려고 노력했다. 하지만 아무것도, 무엇 하나 확실한 것은 없었다.

결국 그는 인정할 수밖에 없었다. 여자친구는 죽는 순간까지도 그를 생각했거나, 혹은 죽는 순간에도 그를 생각하지 않았다. 확실한 것은 없었다.《왕오천축국전》의 원문을 상상하면서 주석을 다는 나나 내 일상을 상상하면서 괴로워하는 그나 서로 목숨을 의지하면서도 서로의 마음을 이해하지 못한 채 그저 짐작만 할 뿐인 원정대원들이 그런 점에서는 모두 마찬가지였다. 사람들은 그저 서로를 짐작할 뿐이었다.

'사람들은 그저 서로를 짐작할 뿐이다.' 어쩌면 이 한 문장이 이 소설을 관통하는 주제일 것이다. 또한, 나도 이 말을 하기 위해 여기까지 이 소설의 많은 부분을 빌려왔다.

우리는 모두 사랑하는 사람을 온전히 이해하기를, 사랑하는 사람에게 온전히 이해받기를 원하지만, 누군가를 온전히 이해한다는 것은 원천적으로 불가능하다. 그저 짐작할 수 있을 뿐이다. 무엇 하나 확실한 것은 없다. "네 마음, 내가 다 알아"라는 말처럼 엄청난 '뻥'이 없다. 도대체 어떻게, 무슨 수로 다 안단 말인가? 내 마음을 내가 모르는데.

그저 짐작할 수 있을 뿐이다. 게다가 그 짐작은 지극히 주관적이며, 맞지 않을 가능성이 아주 높다.《왕오천축국전》의 해설도 어쩌면 다 틀렸을지 모른다. 1,285년 전에 1,285년 전의 언어로 1,285년 전의 인도를 기록한 여행기를, 게다가 원문조차 남아 있지 않은 축약본을 무슨 수로 그대로 복원할 수 있겠는가? 아무것도 확실한 것은 없다.

지난해(2011) 한 젊은 시나리오작가가 생활고 속에서 갑상선항진증과 췌장염을 앓다가 세상을 떠났다. 사망소식을 최초로 보도한 일간지는 "남는 밥 좀 주오' 글 남기고 무명 영화작가 쓸쓸한 죽음'이라는 선정적인 제목으로, 그녀가 '굶어죽었다'는 과장된 표현을 했고, 수많은 네티즌이 망자를 향해 독설을 퍼부었다.

"공장에는 일손이 모자라서 난린데 고고하게 예술만 해야 되냐?",

"사람이 어떻게 하고 싶은 일만 하고 사냐?", "요즘 젊은이들은 너무 나약하고 나이브(naive)하다"…….

왜곡되고 과장된 기사에 대한 정정기사가 쏟아지면서 비난은 곧 애도의 물결로 바뀌었지만, 몇 줄 안 되는 신문기사만 보고 한 인간의 죽음에 대해 그토록 함부로 말할 수 있다는 것이 너무나 섬뜩하고 무서웠다.

우리는 내가 아닌 타인에 대해 그저 짐작만 할 수 있을 뿐이다. 가족과 연인에 대해서나, 몇 번 안 만나본 사람에 대해서나…… 짐작의 폭과 깊이가 다를 뿐이다. 그러므로 타인에 대해서, 타인의 삶과 죽음에 대해서 함부로 판단하고 말해서는 안 된다. 홍상수 감독의 영화 제목처럼, '잘 알지도 못하면서'.

그 사람,
로프로 서로 묶고
함께 빙벽을
오를 사람일까?

촐라체의 검은 그늘에 파묻힌 발밑의 돌 틈은 이미 얼어 있었다. 곧 해가 질 시간이었다. 배가 고팠고 목이 말랐다. 고소 증세로 텡보체(Tengboche, 3860m)에서부터 거의 먹지 못했을 뿐 아니라 아침 7시 페리체(Pheriche, 4240m)를 출발할 때 먹은 것도 겨우 셰르파(sherpa) 스튜 반 그릇이 전부였다. 수통은 이미 비어 있었다. 만약 어둡기 전에 베이스캠프(base camp)를 찾지 못한다면 장비도 없이 얼어붙은 모레인(moraine) 지대에서 비박(bivouac)을 해야 할 참이었다.

박범신의 장편소설《촐라체》의 4분의 1 정도까지는 '등반용어'들을 몰라서 읽기가 힘들었다. 몰라도 너무 몰랐기 때문이다. '피켈' 같은 너무나 기본적인 용어조차 모르는 상태에서 크레바스, 아이스피켈, 아이스바일, 유마르(jumar), 카라비너(carabiner) 같은 단어가 계속 나오니 책장을 넘기며 익숙해질 때까지 다소 시간이 걸렸다. 아무리 평소 등산에 관심이 없었다지만, 나의 심연 깊은 무지함에 얼굴이 화끈거리기도 했다.

어쨌든 앞으로 그와 나는 로프로 연결된 안자일렌 상태로 빙벽을 올라야 한다. 죽음의 추락에서도 한 덩어리가 돼야 한다는 뜻이다. 코팅이 잘 된 나일론 스트랩을 아이젠 고리마다 통과시켜 단단히 묶는다.

수많은 등반용어 중 '안자일렌'이라는 말에 유독 관심이 갔다(공부는 안 했지만 그래도 학부 전공이 독문학인 관계로). 안자일렌(anseilen)은 '로프로 묶다'라는 뜻의 독일어 동사다. 로프를 뜻하는 자일(Seil)이라는 명사에 접두사 안(an)을 붙여 만든 동사다. 그런데 이 독일어 동사가 전세계 산악인 누구나 쓰는 일반명사가 되어 '안자일렌하다' 또는 '안자일렌 상태로' 같은 표현으로 자주 쓰인다는 것을 알게 되었다. 서로의 몸을 하나의 로프로 묶어 죽음의 추락에서도 한 덩어리가 되는 것, 그것이 바로 '안자일렌'이다.

이 소설의 기본적인 서사는, 아버지가 다른 형제 상민과 영교가 '죽음의 지대'라 불리는 해발 6,440미터의 촐라체 북벽에서 겪는 6박7일간의 지옥 같은 조난과 생환 과정에 대한 이야기다. 형제는 서로의 몸을 하나의 로프로 묶은 안자일렌 상태에서 빙벽을 오른다. 등반 둘째 날, 상민과 영교는 만약 한 명이 추락한다면 어떻게 할 것인가 하는 이야기를 나눈다.

"아이젠 떨어뜨려 죽은 사람 많거든."

"내 것 떨어뜨리면 형 것을 줄 테지요."

"천만에. 나, 죽으라고? 산에선 철저하게 제 명줄만 책임지는 게 모럴이야. 내가 위험하면 로프에 친구가 매달려 있어도 그 줄을 끊어. 수없이 많이 생겼던 일이지. 조 심슨이라는 사람 얘기, 안 읽어봤니. 남미 안데스 산맥의 준봉, 시울라 그란데 서벽 초등할 때, 함께 갔던 친구가 사이먼 예이츠라던가, 암튼 그 친구가 말이야. 조 심슨이 추락해 절벽에 매달린 상태였는데, 결국 로프를 끊어. 자신이 살기 위해선 그 길밖에 없으니까. 조 심슨은 구사일생으로 살아 돌아오긴 하지만."

"내가 추락하면 형도 로프를 끊겠네요?"

"글쎄, 아마도……"

"그럼 아주 우리 서로 약정을 해둡시다. 형이 추락하든 내가 추락하든, 끌어올릴 수 없다고 판단되면 지체 없이 로프를 자른다. 난…… 그럴게요. 형도 그렇게 해요."

하지만 아무하고나 생명을 걸고 안자일렌을 하지 않듯이, 말은 이렇게 해도 로프를 끊는 건 쉽게 할 수 있는 결정이 아니다. 아무리 둘 다 같이 죽을 수밖에 없는 상황에서는 로프를 잘라야 한다지만, 한 사람이라도 사는 것이 합리적인 선택이라 하더라도, 로프를 자르지 않는다고 로프에 같이 매달린 사람이 살 수 있는 것도 아니지만, 나 혼자 살겠다고 로프를 자르는 일은 끔찍한 번뇌와 결단을 필요로 하는 일이다. 일단 로프 하나로 서로의 몸을 묶었다는 자체가 결단이다. 그것도 존재를 건 결단!

나라도 살아 돌아가려면 로프를 끊어야 한다고 나는 생각한다. 뭐라고 소리치는 영교의 목소리가 크레바스 안을 울리고 나온다. 빙벽에 붙어 그가 가진 7밀리미터짜리 로프를 올려 보내겠다고 말하는 듯하다. 나는 엎드린 채 계속 숨을 몰아쉰다. 움직일 때마다 가슴이 두 동강이 나는 것처럼 아픈 걸 보면 갈비뼈가 부러진 게 확실한데, 대체 몇 개나 부러졌는지 모르겠다. 안경은 어디 있을까. 팔을 뻗을 수 있는 데까지 뻗어 휘둘러보지만 안경은 손에 잡히지 않는다.

동생 영교가 추락했을 때, 형 상민은 로프를 끊어야 한다고 생각하지만 끝내 끊지 못하고 대신 나이프를 던져버린다. (스포일러 방지를 위해 더 이상은 말하지 않는다.) 형제는 온 생의 고통을 다 더한다 해도 그보다 더할 수 없는 엄청난 고통을 겪으며, 인간의 실존적 한계를 넘어서는 극한의 고통을 이겨내고 살아서 돌아온다.

소설의 도입부가 지나면서부터는 등반용어들을 잘 몰라도 온전히 집중할 수 있었다. 산악소설이 아니라 인간의 실존에 대한 보편적인 이야기이기 때문이다. 박범신은 '작가의 말'에 이렇게 썼다.

히말라야에서 사는 사람들은 5천 미터가 넘는 산도 일반적으로 '마운틴'이라고 부르지 않는다. 그 정도의 산은 '힐'이라고 부른다. 인생에서 만나는 고통스런 굽잇길도 그저 언덕이라고 부르면서 환하게 넘고자 하는 본원적인 낙관주의야말로 살아 있는 것들이 가진 존재의 빛이 아닐 수 없다. 그것이야말로 절대로 훼손되지 않는, 존재가 품고 있는 영원성이다. 천지간에 홀로 있다고 느낄 때, 세상이 사막처럼 생각될 때, 그리하여 살아 견디는 게 너무 힘들어서 차라리 실존의 빙벽 아래로 투신해버리고 싶을 때가 있다면 바로 소설《촐라체》의 주인공인 '상민'과 '영교'를 기억해주기 바란다. 소설《촐라체》에서의 촐라체는 그런 의미에서 '산'이며 '꿈'이고, 살아 있는 '사람'이며 온갖 카르마를 쓸어내는 '커다란 빗자루'이다. 예컨대, 내겐 평생 '문학'이 피켈 하나 들고 거대한 빙벽을 실존적으로 올라야 되는 '촐라체'였고, 앞으로도 아마 죽는 날까지 그럴 것이다.

《촐라체》를 읽고, 내겐 피켈 하나 들고 올라야 할 내 평생의 촐라체가 무엇일까, 생각했다. 또 그 촐라체를 누구와 함께 올라야 할지도.

내가 아직 결혼을 하지 않은 건 아마도, 어느 누군가와 안자일렌을 할 용기가 없었기 때문일 것이다. 싫으면 그만 만나고 아니면 마는 게 연애지만, 결혼은 서로의 운명을 하나로 묶고 흥하면 같이 흥하고 망하면 같이 망하는 공동운명체가 되는 것이다. 나는 그것이, 이루 말할 수 없이 두려웠다. 물론, 극단적인 상황에서 로프를 잘라버리는 '이혼'이라는 방법도 있다는 것을 알고 있다. 하지만 내가 선택한 사람에 대한 무한한 신뢰와 책임감, 처음부터 로프를 자를 수 있는 나이프를 아예 없애버리고 시작하는 확고한 결단이 없다면, 그만한 강단과 자신이 없다면 섣불리 시작하고 싶지 않았다.

언젠가는, 안자일렌을 할 것이다. 죽음의 추락에서도 한 덩어리가 되겠다는 실존적 각오로. 그런 굳은 각오와 결단이 없다면 안자일렌을 하지 않을 것이다. 이 세상의 모든 칼을 버린 다음에야 안자일렌을 할 것이므로. 나의 내면이 보다 단단해졌을 때, 암흑 같은 크레바스가 아니라 죽음의 늪에라도 함께 추락할 수 있는 사람을 만났을 때, 그때 용기를 내서 말할 것이다.
"저랑 안자일렌하실래요?"

누구나
생각지도 못하게
엉망이 되어버리는
순간들이 있어

●

    한 남자가 두 여자랑 근사한 레스토랑에서 식사를 하고 있어. 한 여자는 아내고, 다른 한 여자는 내연녀야. 물론, 남자의 아내는 둘이 그렇고그런 사이라는 걸 모르지. 여자들끼리도 친구니까. 여기까지는 막장드라마에도 자주 등장하는 설정이야.

    남자는 제일 비싼 와인을 시켜. '최후의 만찬'이니까. 비유적인 표현이 아니라, 정말 마지막 식사야. 왜냐고? 남자의 아내는 말기암 환자야. 그녀는 안락사를 선택했어. 그래서 세상을 떠나기 전에 마지막으로 근사한 식사를 하기 위해 잘 차려입고 나온 거야. 즉, 이제 식사를 마치고 집에 들어가면 주사를 맞고 죽는 거지. 병원이 아닌 집에서, 의사가 아닌 남편이 직접 주사를 놓기로 했어.

    이 얼마나 기막힌 상황이야. 곧 치사량의 약물이 든 주사를 맞을 여자와, 그 주사를 놓음으로써 직접 아내의 죽음을 집행할 남자, 그리고 그 여자의 친구이자 그 남자의 내연녀.

    이렇게 셋이서 평소에 한 번도 마셔보지 못한 비싼 와인을 두 병이나 마셔. 두 병째 병에 마지막 한 잔 분량의 와인이 남았을 때, 남자는 어떤 여자의 잔에 그 비싼 와인을 따라줄까? 이제 곧 이승을 떠나는 아내의 마지막 한 잔이니까, 그녀를 위한 최후의 만찬이니까, 주인공인 아내의 빈 잔을 채워줄까? 아니면 이 비싼 걸 언제 또 사주나 하는 조바심에, 너무 비싸서 앞으로 또 사주지는 못할 것 같은 미안함과 안타까움에, 병든 아내와 달리 탄탄하고 유혹적인 몸을 가진 내연녀에게 따라줄까?

제임스 설터(James Salter, 1925~)의 단편 〈어젯밤〉의 한 장면이야. 레이먼드 카버와 함께 가장 독보적인 미국 단편(short-story) 작가로 불리는 제임스 설터는, 아니 그가 창조한 소설 속 인물은 이 기막힌 상황에서 어떤 선택을 할까? 몇 시간 후면 죽음을 맞이할 창백한 아내와 참관인처럼 앉아 있는 섹시하고 매혹적인 내연녀, 둘 중 누구에게 마지막 와인을 따라줄까?

저녁 식사는 조용했다. 사소한 이야기를 나누는 건 힘들었다. 하지만 와인은 두 병이나 마셨다. 월터는 어쩔 수 없이, 다시는 이렇게 좋은 와인을 마실 수 없을 거라는 생각이 들었다. 그는 두 번째 병에 남은 마지막 와인을 수잔나의 잔에 부었다.

- 아녜요. 당신이 드세요. 그녀가 말했다. 정말로 당신이 드셔야 해요.
- 그이는 충분히 했어요. 마리트가 말했다. 하지만 참 좋았어요. 그렇죠?
- 기막히게 좋았어.
- 이런 걸…… 느끼게 돼요. 아, 잘 모르겠지만, 여러 가지가 있어요. 이런 와인을 항상 마셨다면 좋았겠죠. 그녀는 무척 감동적인 목소리로 말했다.

아, 이 얼마나 잔인하고 어이없고 그로테스크한 시추에이션이야. 죽음을 앞둔 아내 앞에서 마지막 와인을 서로에게 양보하며 연애질을 하는 남편과 남편의 여자라니! 그것도 모르고 감동적인 목소리로 참 좋았다고 말하는, 삶을 몇 시간 안 남겨둔 여자라니! 이 장면이 연극이라면 '잔혹극'으로 분류되어야 할 거야.

최후의 만찬이 끝나고 세 사람은 집으로 향해. 죽음의 순간이 다가온 거지. 남자는 맨정신으로는 도저히 안 돼서 단숨에 보드카를 한 잔 가득 마시고 아내의 혈관에 주삿바늘을 꽂아.

치사량의 약물이 마지막 한 방울까지 다 들어가고 아내가 영원히 잠든 걸 확인하고 나서 남자는 1층으로 내려와서 내연녀 수잔나를 안아. 2층 침실에는 죽은 아내가 혼자 누워 있고, 둘은 1층에서 꼭 껴안고 잠이 들어. 그리고 아침이 오지. 둘은 여느 부부들의 아침처럼 평화롭게 마주보고 앉아서 커피를 마셔.

그런데 그때 뒤에서 무슨 소리가 나.

처음엔 뒤에서 나는 소리를 듣지 못했다. 하지만 발소리가 났고 이어서 천천히 또 한 번 발소리가 들렸다. 수잔나의 얼굴에 핏기가 가셨다. 마리트가 비틀거리며 계단을 내려오고 있었다. 얼굴에 한 화장이 굳었고, 짙은 립스틱엔 균열이 있었다. 그는 믿을 수 없는 눈으로 바라봤다.

- 뭔가 잘못됐어요. 그녀가 말했다.
- 당신 괜찮아? 그가 말도 안 되는 질문을 했다.
- 아뇨. 당신이 뭔가 잘못했나 봐요.

- 맙소사. 월터가 우물거렸다.

그녀가 마지막 계단에 힘없이 주저앉았다. 수잔나의 존재는 눈치채지 못한 것 같았다.

- 당신이 와서 어떻게 해줄 줄 알았어요. 그녀가 말했다. 그리고 울기 시작했다.

- 모두 잘못되었어요. 마리트가 되풀이해서 말했다. 그러더니 수잔나를 향해, 아직 여기 있어요?

- 지금 가려고 했어요. 수잔나가 말했다.

- 이해할 수가 없어. 월터가 다시 말했다.

- 처음부터 다시 해야 해요. 마리트가 흐느꼈다.

- 미안해. 그가 말했다. 정말 미안해.

아…… 어떡해, 정말 어떡하니? 마리트의 말대로 정말 모두 잘못됐어. 모든 것이. 안락사라는 그 어렵고 힘든 결정을 했는데, 마지막 순간을 단말마의 고통으로 일그러지거나 무의식상태가 아니라, 품위를 잃지 않은 채 아름다운 모습으로 맞이하려 했는데, 이게 도대체 뭐야? 의식이 깨어났을 때 얼마나 무섭고 아프고 외로웠겠어?

그 끔찍한 공포 속에서 얼마나 남편을 기다렸겠어? 그런데 아무리 기다려도 남편이 오지 않으니까, 그 아픈 몸을 이끌고 간신히 1층으로 내려왔는데, 남편은 다른 여자랑 커피를 마시며 시시덕거리고 있어. 그 배신감이란, 가장 믿고 사랑했던 사람에게 마지막 순간까지 기만당한 배신감이란! 마리트는 울면서 말하지. 처음부터 다시 해야 한다고.

그런데 어떻게, 무슨 수로 다시 하겠어?

모든 것이 엉망인 건 월터와 수잔나도 마찬가지야. 아무리 아내와 친구를 배신한 사람들이지만, 얼마나 죄책감을 느꼈겠어? 좋아 죽겠으니까 어떻게 여기까지 오긴 했지만, 그저 좋기만 했겠어? 맨정신으로는 할 수가 없어서 술의 힘까지 빌려 주사를 놓았는데, 바들바들 떨면서 이제 다 끝났다고 안도했는데, 그래서 새로운 여자와 새로운 미래를 상상하고 있었는데, 이게 무슨 날벼락이야. 이 상황, 어떻게 수습할 거야?

이 엉망진창인 상황에서 수잔나도 월터를 떠나버려. 제정신으로 어떻게 계속 만나겠어? 정말, 섬뜩한 반전이지. 이 장면을 생각하면 정말이지 소름이 끼쳐. 그야말로, 생각지도 못하게 모든 것이 엉망이 되어버린 순간이야. 엉망진창!

그러니까 친구야, 괴로워하지 말고 기운내. 이런 만신창이 엉망진창에 비하면 넌 충분히 재생 가능한 일시적인 외상이잖아. 지금이야 안절부절 괴롭겠지만, 너무 창피해서 화끈거리겠지만, 시간이 지나면 시트콤에서 봤던 에피소드처럼 하나의 웃긴 사건으로 기억될지도 몰라.

아…… 정말, 왜 이렇게 한 번씩 착착 잘 풀리던 일들이 막판에 말도 안 되게 꼬여버리는 걸까? 차라리 그냥, 어차피 안 될 일은 아예 처음부터 어그러져버리면 좋을 텐데. 그러면 속상하고 안타까운 게 덜할 텐데. 왜 다 된 밥에 코 빠뜨리듯이, 공든 탑이 한순간에 무너지듯이 막판에 꼬여버리는 걸까? 그것도 한 번에, 게다가 정말 말도 안 되는 이유로.

그러게 웬 술을 그렇게 마셨어? 그것도 빈속에. 오랜만에 마음에 드는 남자 만났다고 안주도 안 먹고 그렇게 마셨으니 취하지. 앞으로 데이트하기 전에는 뭘 좀 먹고 나가. 난 사실…… 이건 참, 전략적 보안 사항인데…… 소개팅할 때 뭐라도 간단하게 먹고 나가. 극히 낮은 확률이지만, 혹시라도 마음에 드는 남자 만나면 거의 못 먹고 또 안 먹게 되니까.

아, 근데 생각하면 할수록 좀 아깝긴 하다. 너 어제 미용실에서 드라이까지 하고 나갔잖아. 어쨌든 어제는 잘나가다가 막판에 다 망쳐버렸다는 게 문제지. 첫 데이트에서 남녀가 그 정도로 술을 마셨으면 서로 상당히 마음에 들었다는 건데…… 막판에 거 참. 네가 무슨 엠티 간 대학생이냐? 오바이트를 하고. 그것도 남자가 신경써서 차려입고 나온 재킷에다가. 그래도 먹은 게 없었다니 그나마 다행이네. 순대국 먹고 토하고 그런 거보다는 낫잖아. 아 미안, 위로한다는 게…… 나도 너무 안타깝다 보니 네 속을 한 번 더 뒤집고 있네.

오늘까지만 마시고 당분간 금주하자. 다이어트도 할 겸. 기왕 이렇게 된 거 머리 쥐어뜯으면서 괴로워하면 뭐 해? 노화의 지름길이 자학과 자괴감이라잖아. 아름다운 모습으로 다시 태어나서 더 멋진 남자를 만나는 거야. 오케이?

그러니까 다이어트가 끝나는 순간까지 이게 우리의 최후의 만찬이야. 친구 좋다는 게 뭐야? 내가 살게.

자, 건배하자. 우리의 최후의 만찬과 다이어트의 성공을 위해서! 아름다운 모습으로 다시 태어나기 위해서! 그리고 생각지도 못하게 엉망이 되어버린 우리의 모든 순간을 위해서!

순정을 바친다는 건
꼭 사랑에 속한 말은
아닐 거야

당신은 얼마나 순수한가? 당신의 순도는? 그리고 당신은 어떤 대상에 어떤 순도의 순정을 품고 있는가?
　'순도'의 사전적 의미는 다음과 같다.

　순도(purity, 純度) : 물질이 화학적으로 얼마만큼 순수한가를 나타내는 정도로, 높을수록 물질은 그 물리적 성질이 일정하고, 화학조성(化學組成)도 결정되는데, 이것을 아는 데는 물질의 녹는점이나 끓는점을 측정하는 방법이 사용된다.
_두산백과

　나는 화학회사에서 화학제품 판매하는 일을 한다. 화학제품의 품질에서 제일 중요한 게 바로 이 '순도'다. 물질이 화학적으로 얼마만큼 순수한가? 즉, 불순물(impurity)이 유입됨으로써 오염되지 않았는가? 요즘 '스펙'이라는 단어가 취업준비생들의 출신학교, 학점이나 외국어점수 등을 합산한 외적 조건을 지칭하는 말로 쓰이고 있지만, '스펙'은 원래 스페시피케이션(specification)의 줄임말로 제품의 '품질, 사양'을 뜻한다.
　화학제품의 품질사양서(Spec. sheet)에는 순도가 중요한 항목으로 자리잡고 있다. 보통 이렇게 표기한다. 99% 이상(Min 99%), 99.99% 이상, 99.9999% 이상…… 순도가 높은 제품일수록 9가 많아지면서 이렇게 표기하기도 한다. 9N(나인나인, 9가 9개) 이상, 11N(일레븐나인, 9가 11개) 이상…….

가끔 회사 후배들과 술을 마실 때, 누가 새로운 연애나 취미에 대해서 말하면 이렇게 묻곤 한다.

"얼마만큼 좋아하는데? 11N 이상?"

어떤 대상을 아무런 목적이나 계산 없이 그저 좋아서, 좋아하지 않고는 어쩔 수가 없어서, 해바라기가 해를 바라보듯이 그렇게 아무런 조건 없이 좋아해본 적이 있는가? 어떤 공부를 시작할 때, 시간과 비용 투입 대비 얼마나 건질 수 있을까, 이게 내 커리어에 어떤 실질적인 도움이 될까…… 이런 고민 대신 그저 좋아서, 가슴이 벅차고 신바람이 나서 밤잠을 아껴가며 공부해본 적이 있는가?

그러니까 21세기는 중국의 시대이므로 취업이나 주재원 발탁에서 유리한 중국어를 배우는 대신, 그냥 이탈리아어의 흥겨움이 좋아서, 이탈리아 시장에서 그 나라 말로 흥정을 하며 치즈를 사보고 싶어서 이탈리아어를 배우거나, 여행 갔던 인도네시아에 반해서 매일 아침 출근길에 이어폰을 끼고 인도네시아어 강좌를 들어본 적이 있는가?

아무런 실질적인 대가 없는, 돈 안 되는 일에 미쳐본 적이 있는가? 주위 사람들한테 그렇게 돈 안 되는 일에 삽질하지 말고 남들처럼 미래를 위해 골프연습장에라도 다니라는 핀잔을 들어본 적이 있는가?

난 있다. 그것도 11N 이상의 순정이. 그저 좋아서, 가슴이 뛰어서,

열망에 빠져서 밤새 책상에 앉아 글을 쓰며 새벽을 맞는 순하고 독한 순정이. 내게 문학은 "나도 한때 문청(문학청년)이었어" 같은 과거형 회상이 아니라, 변하지 않는 순정의 대상이다. 책을 내려고 글을 쓴 게 아니었다. 누가 쓰라고 해서 쓴 게 아니었다. 유명해지려고 쓴 것도, 자기계발의 야심찬 의욕을 가지고 쓴 것도 아니었다. 그저 좋아서 썼다. 다른 어떤 것보다 재미있고 좋아서. 책을 내고 잡지에 칼럼을 쓰고 하는 기회들은 거짓말처럼 자연스럽게, 잡지 부록처럼 따라왔을 뿐이다.

2006년, 매주 월요일 저녁이면 난 눈썹을 휘날리며 '소설창작' 강좌를 들으러 갔다. 회사원들에겐 대개 월요일이 제일 바쁜 날이기 때문에, 매주 일찍 퇴근하는 게 쉬운 일이 아니다. 그래서 상사의 이해와 지지가 필요했다. 난 그때 팀장님에게 뭐라고 말할까, 한참을 망설였다. 소설을 배우러 간다고 하면, 쓸데없는 짓 한다고 4차원 취급을 받을 것 같고, 회사일하고 전혀 관련없는 일이니 괜히 눈치도 보이고…… 외국어학원을 간다고 할까, 차라리 요리를 배운다고 할까…….

고민 끝에 그냥 솔직히 말했다. 매주 월요일 저녁 6시 30분에 소설강좌가 있어서 일찍 퇴근해야 한다고. 뜻밖에도 팀장님은 흔쾌히 격려해주었다.

"그래? 항상 뭔가에 그렇게 열정이 있는 게 참 좋네. 부럽기도 하고. 기왕 시작한 거 신춘문예 당선을 목표로 한번 해봐. 1월 1일 신문에서 성 과장 당선소감을 읽는다면 얼마나 근사하겠어!"

소설수업은 참 재미있고, 동시에 힘들었다. 나를 제외하고는 대부분 문창과(문예창작과)나 국문과 졸업생으로 등단을 준비하는 사람들이었다. 수업은 2교시로 진행됐다. 1교시에는 숙제로 읽어간 기존 작가의 작품을 주제로 선생님이 강의를 하고, 2교시에는 수강생이 쓴 작품을 가지고 합평(合評)을 했다. 수강생 전원이 돌아가면서 한 작품에 대해 평가했다. 자기가 쓴 작품에 대한 수강생들의 냉혹한 평가를 듣다가 울음을 터뜨리는 경우도 더러 있었다.

두세 달이 흐르면서 드디어 올 것이 왔다. 나도 '합평'을 받기 위해 단편소설을 제출해야 했다. 문창과 출신의 다른 수강생들과 달리 나는 예전에 써놓은 단편이 하나도 없었다. 마침 8월이었고, 난 여름휴가 일주일 내내 책상에 앉아서 소설을 썼다.

원고지 80매 분량의 소설을 다 썼을 때, 난 그저 다 썼다는 것만으로 너무 기뻐서 혼자 눈물을 흘리며 감격했다. 〈스타벅스〉, 잊지 못할 나의 첫 번째 단편이다.

내가 회사원이라 그런지, 습작을 시작한 지 얼마 안 된 신참이라 그런지, 수강생들은 여느 합평과 달리 '살살' 말했다.

"문체가 참 재기발랄하네요. 아주 신선해요. 그런데 너무 갈등이 없어요."

"처음 쓴 작품인데도 감정묘사만큼은 압권이네요. 연인에 대한 절절한 기억, 그 부분의 흡입력은 대단해요. 그런데 전체적으로…… 구조가 느슨해요. 갈등이 없어요. 긴장도 없고."

썩 좋은 평가는 아니었다. 그래도 나는 첫 단편을 썼다는 사실 자체에 감격한 나머지, 선생님과 친한 수강생들을 광화문에 있는 단골집, 독일인이 운영하는 브로이하우스로 초대해서 한턱냈다. 기분이 너무 좋아서 마셔도마셔도 취하지 않았다. 내가 거하게 술을 산 만큼 선생님과 수강생들은 온갖 덕담과 칭찬으로 그날 하루 나를 우주 끝까지 띄워줬다.

"첫 소설이 이 정도면 곧 대단한 작품을 쓸 수 있을 거야."

"독특한 눈을 가졌잖아. 이력도 다채롭고. 분명히 성수선만이 쓸 수 있는 영역이 있을 거야."

"소설가 중에 성씨 별로 없잖아. 앞으로 서점에 가면 성석제 옆에 성수선이 딱~ 꽂혀 있을 거야!"

선생님의 덕담처럼, 난 서점에 갈 때마다 상상한다. '한국소설' 서가에서 서하진, 성석제 옆에 성수선의 책들이 꽂혀 있는 모습을. 성석제의 《순정》 옆에 성수선이 순정을 바쳐 쓴 소설집이 살포시 꽂혀 있는 장면을.

성석제는 가나다순의 색인에서뿐만 아니라, 내가 가장 '애정하고' 닮고 싶어 하는 소설가 중 한 명이다. 10년 전, 성석제의 《순정》을 처음 읽었을 때, '이 부분에서 이렇게 쓰는 거구나!' 하는 탄식 같은 말이 흘러나왔다. 누군가의 슬픔은 너절한 형용사 무더기 대신, 관념적이고 추상적인 표현 대신 이렇게 전하는 거구나. 이치도의 절망이, 이치도의 슬픔이 전기충격을 받은 것처럼 그대로 전해졌다.

이치도는 길거리에 있는 포장마차로 들어갔다. 소주를 컵으로 주문해서 주욱 들이켜고 단무지를 한쪽 우적거리며 씹은 뒤 입을 닦고 나왔다. 거기에서 십여 미터 떨어진 곳에 다른 포장마차가 있었다. 이치도는 그곳에 들어가 소주를 컵에다 따라달라고 해서 한잔 주욱 들이켜고 단무지를 우적거리며 씹은 뒤 입을 닦고 나왔다. 그 다음 포장마차는 쉰 걸음쯤 떨어진 곳에 있었다. 그 집에서는 입을 먼저 닦고 소주를 컵으로 한잔 마신 뒤 김치를 씹었다. 그의 표정이 너무 삼엄해서 그런지 아무도 그에게 말을 걸지 않았다. 알은체하는 사람은 물론 없었다. 그렇게 은척에 있는 포장마차를 한 바퀴 다 돌았다. 이치도는 죽을 만큼 곤죽이 되어 나가떨어졌다.

난 성석제의《순정》을 가끔보다 자주 읽는다. 거창하게 말하면, 소설에 대한 내 순정을 마음에 담는 행위다. 내 순정을 지키고자 하는, 어떤 불순물의 유입도 허하지 않겠다는 의식적인 선언이다. 성석제의《순정》처럼 훌륭한 작품을 쓰고 싶다는 다짐이다. 성석제라는 이름 옆에 나란히 자리잡아도 누가 되지 않겠다는 각오다. 그리고 이 글은 성석제에 대한 나의 오마주다. 오마주 투 성석제.

찌개도 국도 아니고
사랑인데,
어떻게 간만 보고 있니?

"간은 찌개 끓일 때 보는 거랍니다."

얼마 전, 자꾸만 내 주위를 맴돌며 끊임없이 나를 간보던 남자에게 그만 참지 못하고 이런 문자를 보냈다. 남자들은 자기들이 어장관리를 하거나 이리저리 재며 간보는 걸 여자들이 모르는 줄 알지만, 여자들은 다 알고 있다. 남자들이 여자들을 간볼 때, 여자들은 이미 남자들의 MRI를 찍고 있다.

남자나 여자나 나이가 들수록 거절에 대한 두려움이 커진다. 물론, 나도 마찬가지다. 거절당할까 봐, 그래서 상처받을까 봐 두려워서 좋아하는 사람이 있어도 예전처럼 용감하게 좋아한다고, 네가 좋아 죽겠다고 말하지 못한다. 키가 닿지 않아 못 따먹는 포도를 '신 포도'라고 말하는 이솝우화의 여우처럼, 거절당하는 게 두려워서 말도 안 꺼내보고 지레 포기한다. 괜히 말 꺼냈다가 차이거나 사귀다가 헤어지는 것보다 아예 시작을 안 하는 게 낫다고 애써 자위하면서.

용기는 없어지고 눈치는 늘어서, 저 사람도 내게 관심이 있는 걸까, 잘될 가능성이 얼마나 될까…… 머리를 굴리고 계산기를 두드리며 견적뽑기에 바쁘다. 좋아하는 사람에게 고백을 하는 게 아니라, 넘어올 것 같은 상대에게 작업을 건다. 만난 지 두세 달 만에 후딱 결혼을 결심하고, 상대방의 어떤 점이 마음에 들어서 결혼을 결심했느냐고 물어보면, 거짓말이라도 '~에 반했다'는 말 대신 '무난해서'라거나 '나쁘지 않아서'라고 너무나 솔직하게 대답하는 사람이 많다.

  '첫사랑' 영화에 열광하는 건 아마도 누군가를 너무나도 순수하게 좋아했던, 누군가를 좋아한다는 것만으로 설레고 행복했던, 가슴이 터져버릴 것 같은 사랑의 감정을 용기내 고백했던, 사랑이 이 세상의 모든 것이라고 믿어 의심치 않았던, 지나가버린 날들에 대한 향수 때문일지도 모른다. 묻지도 따지지도 않고 누군가를 좋아했던 그 아련한 기억, 나중에 받게 될지도 모르는 상처 따위가 두려워서 사랑을 피하지 않았던 풋풋한 지난날의 나를 향한 절절한 그리움, 그리고 어쩌면……'사랑 불능' 상태일지도 모르는 지금의 나에 대한 연민과 안쓰러움.

    사람을 좋아한다는 건 자신보다도 상대가 소중하다고 생각하는 거야. 만약 먹을 것이 조금밖에 없으면 나는 내 몫을 아키에게 주고 싶어. 가진 돈이 적다면 나보다 아키가 원하는 것을 사고 싶어. 아키가 맛있다고 생각하면 내 배가 부르고, 아키한테 기쁜 일은 나의 기쁜 일이야. 그게 사람을 좋아한다는 거야. 그 이상 소중한 것이 달리 뭐가 있다고 생각해? 나는 떠오르지 않아. 자신의 안에서 사람을 좋아하는 능력을 발견한 인간은 노벨상을 받은 어떤 발견보다도 소중한 발견을 했다고 생각해.

  가타야마 교이치의 소설 《세상의 중심에서 사랑을 외치다》의 한

구절처럼, 나도 그렇게 생각했던 때가 있었다. 사람을 좋아하는 능력을 발견한 인간은 노벨상을 받은 어떤 발견보다도 소중한 발견을 한 거라고. 매일매일 가슴이 벅찼다. 내 주위를 둘러싼 모든 것이 좋았다. 다른 때와 마찬가지로 열받는 일도 있고 괴롭히는 사람도 있었지만 웬만한 일에는 짜증도 나지 않았다. 모든 일에 여유가 느껴졌다. 아침에 눈을 뜨면 오늘도 그를 만난다는 생각에 참 행복했다. 거울을 보면 내가 그렇게 예뻐 보일 수가 없었다.

우리는 매일매일 만났다. 그만큼 우리의 만남은 지극히 소소하고 일상적이었다. 기분에 따라 날씨에 따라 빈대떡, 삼겹살, 주꾸미, 김치찌개, 순대, 돼지불고기 등을 먹으며 반주로 둘이서 소주 한 병을 마셨다. 그 시간이 꿈결처럼 행복했다. 하루에 있었던 크고 작은 일들, 멍청하고 고집 센 상사의 어이없는 말들, 새로운 아이디어와 앞으로의 계획들을 재잘거리며 일기를 쓰듯 '그'라는 매체에 저장했다.

소주잔을 부딪치며 건배를 할 때면 난 그의 눈을 응시하며 들뜬 목소리로 말했다.

"너무 좋아. 좋아서 죽을 것 같아."

그때, 출장은 너무나 괴로운 일이었다. 그를 만날 수 없으니까. 전화도 못하는 비행기에 갇혀 있을 때면 정말이지, 뛰어내리고 싶었다. 아직도 그를 만난 후 첫 출장이 생각난다. 싱가포르로 날아가는 여섯 시간 동안 난 아무것도 못하고 거듭 시계만 보며 괴로워했다. 엄마가 올 때까지 아무것도 안 먹고 보채며 기다리는 어린애처럼 기내식도 안 먹었는데 배도 고프지 않았다. 여섯 시간이 그렇게 긴 시간이라는 걸 그때 처음 알았다. 영원히 끝나지 않을 것만 같았던, 내 생애 가장 긴 비행이었다.

싱가포르 공항에 도착했을 때, 난 공중전화를 찾아 미친 듯이 뛰었다(로밍도 되지 않던 시절이었다). 그 무거운 노트북가방을 어깨에 메고 (당시 노트북은 무기처럼 크고 두꺼웠다) 10센티미터도 넘는 무시무시한 힐을 신고서 체육대회에 선수로 나갔을 때보다 더 빨리, 긴 머리와 눈썹을 휘날리며 있는 힘을 다해 질주했다. 그래도 하나도 힘들지 않았다. 그렇게 공중전화에 달려가 숨을 헉헉거리며 전화를 걸었다.

그의 목소리를 들었을 때, 고작 몇 시간 지났을 뿐인데도 엄마를 찾은 미아처럼 눈물이 나서 울먹이며 말했다.

"보고 싶어. 보고 싶어 죽겠어."

그후로 한 번도, 누군가에게 그렇게 내놓고 솔직하게 말해본 적도, 누군가를 향해 그렇게 미친 듯이 달려가본 적도 없다. 언제 찾아올지 모르는 두통에 대비해 늘 아스피린을 갖고 다니듯이, 언제 찾아올지 모르는 이별에 대비해 들뜨는 마음을 쿨하게 식혀주는 스프레이를 들고 다닌다. 행여 누군가에게 마음을 활짝 열었다가 다칠까 봐 매사에 경계하고 조심한다.

난 상처받기 싫어서 그렇게 늘 한 발을 뒤로 빼면서도 막상 나를 간보는 남자는 참지 못한다. 어쩌면 그들도 나처럼 상처받기 싫어서 서성거리는 걸 텐데. 나는 안 다치려고 몸을 사리면서도, 남자가 그러면 비겁하다고, 요즘 남자들은 약아빠졌다고 성토한다. '아니면 말고!'라며 대범한 척하면서도 오지 않는 전화를 기다리며 전전긍긍한다. 그러면서도 먼저 전화하지는 않는다. '네가 없어도 난 아무렇지 않아'라는 쿨한 태도를 견지하면서도 술취해 노래방에 가면 절절한 노래를 부르며 청승을 떤다.

"내 곁에서 떠나가지 말아요. 그대 없는 밤은 너무 쓸쓸해. (……) 나약한 내가 뭘 할 수 있을까 생각을 해봐. 그대가 내게 전부였었는데 (……) 제발 내 곁에서 떠나가지 말아요."

"전화 한 번 못하니. 벌써 날 잊어버렸니. 아님 이제 내 번호조차도 기억 못하니."

얼마 전, 서울에 놀러 온 필리핀 친구와 동대문시장 구경을 갔다. 한 대형 쇼핑몰 앞에 무대를 마련해놓고 이벤트를 하고 있었는데, 여자친구 몰래 미리 이벤트를 신청한 남자가 공개 프로포즈를 하는 거였다.

이제 막 대학 1~2학년인 것 같은 어린 남자가, 그를 '오빠'라고 부르는 더 어린 여자, 아니 소녀 앞에 무릎을 꿇었다. 장미꽃 한 송이와 반지를 든 남자의 두 손은 보는 사람들이 안쓰러울 정도로 심하게 떨렸다. 그는 고개를 들어 소녀를 바라보며, 처음 본 순간부터 너를 좋아해왔다고, 이제 나를 선배가 아닌 남자친구로 인정해달라고 애절하게 말했다.

그 무대 앞은 중국과 동남아 등에서 온 수많은 외국 관광객 및 쇼핑 나온 10~20대들로 인산인해를 이루고 있었다. 그 많은 인파 앞에서 프로포즈를 받는 게 창피했던지, 아니면 그저 '아는 오빠'일 뿐이었는지, 소녀는 장미꽃도 반지도 거절한 채 황급히 무대에서 내려가버렸다. 홀로 남겨진 어린 남자는 그 사람 많은 데서 울음을 터뜨렸고, 어깨를 축 늘어뜨린 채 사회자의 위로를 받으며 힘없이 무대에서 내려갔다.

그 불쌍한 어린 남자가 안쓰럽고 안타까웠지만, 많이 부러웠다. 그렇게 솔직할 수 있다는 것이, 그렇게 용기를 낼 수 있다는 것이, 그 모든 것이 아직 어리기 때문에 가능하다는 것이. 또 슬펐다. 아마도 난 이제 그런 치기어린 고백을 받을 수도 할 수도 없을 것이므로. 금방 새 살이 돋아나는 어린 남자와 달리, 이제 난 한 번 다치면 재생이 불가능하게 큰 상처를 입을지도 모르므로.

그럼에도 불구하고 한 번 더, 전력을 다해 달려가고 싶다. 한 번 더, 더 이상 솔직할 수 없을 만큼 솔직하게 말하고 싶다. 좋아한다고, 네가 좋아 죽겠다고. 제발 내 곁에서 떠나가지 말라고 노래방 마이크를 잡고 흐느끼는 대신, 내놓고 말하고 싶다. 떠나가지 말라고, 언제까지나 내 옆에 있어달라고, 내겐 네가 꼭 필요하다고.

노벨상을 받은 어떤 발견보다 소중한 발견을 한 번 더 해보고 싶다. 한 번 더.

외롭고 싶은 사람처럼
늘 그렇게
웅크리고 있지 마

매년 3월 3일 일본에서는 '히나마츠리(雛祭)'라는, 여자아이들을 위한 축제를 즐긴다. 중국에서 삼짇날 행해지던 액막이행사가 일본의 히나인형놀이와 합쳐져 17세기 중엽부터 전통행사가 되었다고 한다.

어린 딸이 있는 가정에서는 히나인형 세트를 제단에 장식해 딸의 성장과 행복을 빈다. 또 밥 위에 잘게 썬 생선과 달걀부침, 갖가지 채소 등 알록달록한 고명을 얹은 '지라시초밥'을 해서 친지들과 함께 먹는다. 이날 아침 TV를 켜면 거의 모든 채널에서 정성껏 지라시초밥을 준비하는 단란한 가정의 모습을 보여준다. 젊고 예쁜 엄마는 환한 미소를 지으며 온갖 정성을 기울여 바지런히 초밥을 만들고, 어린 딸은 그 옆에서 어린이날을 맞은 어린이의 전매특허 같은 기쁨 가득한 얼굴로 엄마를 지켜본다. 행복이란 무엇인가를 보여주는, 더 이상 행복할 수 없을 것 같은 모습이다.

하지만 어디나 그렇듯이, 현실은 TV 속 영상처럼 행복하지만은 않다. 우리도 추석이나 설날 누구나 다 행복한 건 아니니까. 평소보다 더 외롭고 서러운 사람도 많으니까.

3월 초에 일본으로 출장을 간 적이 있다. 3월 3일, 그러니까 히나마츠리 날, 도쿄 시내 한복판의 지하철에서 할머니 손을 잡고 앉아 있는 열 살쯤 된 여자아이와 눈이 마주쳤다. 예뻐서 쳐다봤는데 어린애답지 않게 표정이 쓸쓸했다.

 손녀 손을 꼭 잡고 있는 할머니는 쌀쌀한 날씨에 어울리지 않는, 색 바랜 얇은 스웨터에 낡은 구두를 신고 있었다. 얼굴도 갸름하고 코도 오뚝하고, 한때 제법 미인 소리를 들었을 할머니의 얼굴은 고생한 흔적이 역력한 깊게 팬 주름으로 가득했다.

 지라시초밥을 만들며 즐거워하는, 아침에 본 TV 속 영상과는 전혀 다른 세상의 사람들 같았다. 문득 〈히나마츠리〉라는 아사다 지로의 소설 속 소녀 야요이가 떠올랐다.

 소설의 배경은 도쿄올림픽이 열린 1964년 히나마츠리. 아빠라는 존재는 이름조차 모르고 엄마는 술집에 나가서 밤에도 혼자 자야 하는 외톨이 소녀 야요이는 다른 아이들처럼 히나마츠리가 즐겁지 않다. 살뜰한 부모가 없는 어린아이에게 이런 축제는 즐거운 날이 아니라, 혼자서 극복해야 되는 날이다. 또래 친구들이 화려한 히나인형 세트를 선물받고 즐거워할 때, 열두 살 야요이는 그 작은 손으로 종이를 오려 혼자서 인형을 만든다. 3월 3일 히나마츠리가 오기 전, 히나인형에게 2월 바람을 쐬어주지 못하면 시집을 못 간다는 할머니의 말이 생각나 조바심을 내면서.

 오다이리사마에 오히나사마, 관녀 셋, 악사 다섯, 우대신에 좌대신, 벚꽃나무, 귤나무, 꽃등, 반닫이, 서랍장, 가마…… 작디작은 히나 장식한 세트를 점선을 따라 잘라내 계단 모양으로 접어 올린 단에 붙이는 것이었다. 작기도 한데다 짐작했던 것보다 훨씬 복잡한 공작물이었다.

처음에는 엄마가 오면 도와줄 거라고 마음 편하게 만들기 시작했는데, 결국 돌아가신 할머니가 하시던 얘기까지 떠올리고 말았다. 엄마 오기만 기다리다가는 2월이 지나가고 말 것이었다. 그럼 시집을 못 가는데.

어쩌면 밤늦도록 잠도 안 자고 탁자 위를 잔뜩 어질러놓았다고 엄마에게 꾸중을 들을지도 몰랐다. 아무리 애써도 생각대로 되지 않는 종이 공작에 화가 나면서 야요이는 뭔가에 쫓기는 듯한 기분이 되었다.

친구들은 그날 하루만큼은 공주처럼 보내는데, 인형을 빨리 다 못 만들어서 시집을 못 갈까 봐 두려워하며, 엄마 오면 어질러놨다고 혼날 걱정까지 하며 혼자 인형을 만드는 어린 소녀라니! 축제라는 건 참 잔인하다. 행복한 사람들을 더 행복하게 만드는 게 축제의 순기능이라면, 외로운 사람들을 색출해서 처참하도록 외롭게 만드는 게 축제의 파괴적인 기능 같다.

난 가끔 생각한다. 이 세상에는 크리스마스나 생일을 기다리는 사람이 더 많을까, 축하받고 축하해야 하는 날이 아예 없었으면 하는 사람이 더 많을까, 아니면 사는 게 너무 고달파서 그런 날이 있는지 없는지도 모르고 사는 사람이 더 많을까?

음식이 고속도로를 덮은 차량만큼이나 넘쳐나는 추석이나 설날 같은 명절에도 편의점에 가면 혼자서 컵라면에 삼각김밥을 먹는 사람들이 있다. 다들 케이크 하나씩 사들고 스위트홈으로 향하는 크리스마스이브, 빵집에서 일하는 가출 소녀 '알바'는 너무 바빠서 밥도 못 먹고 종종거리며 케이크를 나른다. 그리고 누군가는 생일날 아침에 가족들의 축하와 선물을 받는 대신, 이렇게 살려면 도대체 왜 태어났을까 골똘히 생각한다.

대출이 필요없는 사람들에게는 온갖 은행과 제2금융권이 귀찮을 정도로 자주 전화해서 좋은 금리로 대출을 받으시라고, 받들어 모실 테니 제발 좀 빌려가시라고 애원을 한다. 하지만 정작 대출이 절실한 사람들, 급전이 필요한 사람들에게 은행은 눈길도 주지 않는다. 대출이 필요없는 사람에게는 애원을 하고, 필요한 사람에게는 외면을 하는 게 은행이다.

외로움도 대출 같다. 인기인에게는 과도한 애정과 관심이 감당 못할 만큼 몰리고, 외로운 사람에게는 말 거는 이 하나 없다. 생일을 기억해주는 사람도, 설날 떡국을 같이 먹자는 사람도, 히나마츠리에 인형을 사주는 사람도…… 유감스럽게도 '빈익빈 부익부'는 재화뿐 아니라 외로움의 분배에도 적용된다. 아주 그냥, 제대로 몰아준다.

얼마 전, 강남 한복판의 고깃집에서 저녁을 먹고 있었다. 저녁이라 선선할 줄 알고 야외 테이블에 앉았는데, 바람 한 줄기 없는 날씨에 숯불까지 이글이글 타오르니 가만히 앉아 있어도 계속 땀이 흘렀다. 하물며 이 테이블 저 테이블 바쁘게 옮겨다니며 그 뜨거운 불판 옆에서 고기를 굽는 종업원은 얼마나 더울까.

"피부가 참 좋으시네요."

가만히 앉아서 구워주는 고기를 날름날름 먹고 있기가 미안해서, 고기 굽는 조선족 아줌마에게 말을 걸었다.

"피부가 좋긴 뭐가 좋아요. 예전에는 로션이라도 발랐는데, 요즘엔 더워서 아무것도 안 발라요. 뭘 바르면 더 더운 것 같아. 글쎄 어제는……."

내가 무심코 던진 한 마디에 그 조선족 아줌마는 오랫동안 말을 참아온 사람처럼 광속으로 말을 쏟아냈다. 그러다 잠시 말을 그치더니, 나를 물끄러미 쳐다보며 말했다.

"아가씨, 중국말 할 줄 알아요? 내가 너무 말이 하고 싶어요."

누군가의 질문에 가슴이 그렇게 덜컥 내려앉은 것도 오랜만이었다. 도대체 얼마나 외로웠을까? 얼마나 말을 참았을까? 얼마나 지나가는 누구라도 붙들고 말을 하고 싶었을까?

나도 가끔, 너무 말이 하고 싶다. 시시껄렁한 농담 따먹기나 연예계 비화, 립서비스가 반인 의례적인 말들, "우리가 남이가, ~를 위하여!" 같은 말들 말고, 진짜 속에 있는 이야기들을 좀 시원하게 쏟아내고 싶다. 말이 옮겨지지 않을까 하는 걱정 없이 화끈하게 남의 욕도 하고, 창피해서 못했던 구질구질하고 찌질한 얘기들도 하고, 권력관계에 의해서 하나도 안 웃긴 이야기에 깔깔거리며 웃어주는 대신, 허물없이 편하게 이 얘기 저 얘기 하면서 목이 쉴 때까지 떠들고 싶다. 이른 출근시간과 내일 해야 될 일들을 걱정하지 않고 밤새도록, 정말 밤이 새도록 떠들고 싶다.

가끔 저녁시간이 텅 비어버리는 날이 있다. 바쁜 일도, 별다른 약속도, 집에서 기다려주는 사람도 없고, 귀찮아서 운동하러 가기도 싫고…… 그냥 퇴근하면 아무 할 일 없는 저녁, 텅 빈 오피스텔에 들어가기 싫어서 이 사람 저 사람에게 전화를 건다.

"뭐 해? 바빠? 한잔 안 할래?"

다들 정신없이 바쁜 서울 하늘 아래 전화 한 통으로 즉석 약속을 잡을 수 있는 확률은 크리스마스에 눈이 올 확률만큼이나 막연하다.

"아, 미안! 우리 오늘 회식한대."

"오늘 일찍 들어가야 해. 부모님 올라오셨거든."

"나 요즘 계속 야근이야. 근데 웬일이야? 맨날 바쁜 척은 혼자 다 하더니, 먼저 전화를 다 하고?"

이런 통화를 두세 번 하고 나면 더 이상 전화를 걸 의욕은 완전히 사라진다. 이래저래 무기력한 퇴근길, 편의점에 들러 캔맥주를 산다.

"잠시만요. 증정품 있어요. 매운맛으로 드릴까요, 치즈맛으로 드릴까요?"

스무 살이 채 안 된 것 같은 어린 '알바'가 묻는다.

"저, 쥐포 안 먹는데 그냥 안 받으면 안 될까요?"

"안 돼요. 그럼 짝이 안 맞아요."

"네, 그럼…… 그럼 매운맛으로 주세요."

먹지도 않을 쥐포를 한참 고민해서 고르고는 맥주캔과 매운맛 쥐포가 담긴 까만 비닐봉지를 흔들며 텅 빈 오피스텔에 들어가면 덜컥, 외롭다. 너무 조용한 게 싫어서 습관적으로 TV를 켠다. 옷을 갈아입고 너무 편한 게 문제인 푹신한 1인용 소파에 앉으면 한없이 늘어진다. TV를 보며 맥주를 홀짝홀짝 마신다.

혼자 마시는 술은 이상하게 빨리 취한다. 평소 보지도 않는 드라마 주인공의 외롭거나 서럽거나 또는 그 둘 다인 상황에 감정이 이입되어 울기라도 하면 찌질함이 극에 달한다.

하릴없이 핸드폰을 들여다본다. 1,663개의 연락처가 저장되어 있는데 술 한잔 할 사람이 없다니…… 이건 뭐, 말 그대로 풍요 속의 빈곤. 기다리는 전화는 오지 않고, 뭘 도와달라고 부탁하는 문자와 카톡은 시끄러운 알림소리를 내며 쇄도한다. 재미없는 장난감을 내팽개치는 아이의 심정으로 슬며시 핸드폰을 내려놓는다.

그리고 문득, 숨이 턱턱 막히는 한여름에 그 뜨거운 불판 옆에 서서 고기를 구워주며 "내가 너무 말이 하고 싶어요"라고 말하던 조선족 아줌마가 생각난다. 아직 이 외로운 서울 하늘 아래서 고기를 굽고 불판을 갈며 하루하루를 견디고 계실까? 칭찬 한 마디에 말이 봇물 터지듯 쏟아져나올 만큼 여전히 그렇게 외로우실까? 다음에 또 만나게 되면, 그땐 이렇게 말해야겠다.

"피부가 더 좋아지셨어요!"

내가
다 차지할 수 없다는
생각이
협상의 시작이야

오랫동안 해외영업을 하다 보니 대학생이나 신입사원 후배들에게 '협상' 관련 책을 추천해달라는 부탁을 자주 받는다. 비즈니스에서 가장 중요한 게 협상이라고 해도 과언이 아닌 만큼, 협상에 관한 책은 수도 없이 많고 그중엔 좋은 책도 많다. 내가 자주 추천하는 책으로 허브 코헨의 《협상의 법칙》(원제 : You can negotiate anything), 스튜어트 다이아몬드의 《어떻게 원하는 것을 얻는가》(원제 : Getting more), 안세영의 《CEO는 낙타와도 협상한다》 등이 있다. 모두 훌륭한 가이드북이다.

하지만 그 많은 책들 중에서 딱 한 권, 단 한 권만 추천해야 한다면, 이런 이론서들보다는 영국 작가 로알드 달(Roald Dahl, 1916~1990)의 단편소설 〈목사의 기쁨〉을 추천하고 싶다. 〈찰리와 초콜릿공장〉, 〈마틸다〉 등으로 유명한 동화작가이기도 한 로알드 달은 번뜩이는 재치와 절묘한 유머감각으로 인간의 탐욕을 조소하는 반짝이는 단편들을 남겼다.

그의 단편집 《맛》에 실려 있는 〈목사의 기쁨〉은 교활한 골동품 가구 상인 보기스가 시골 농부를 속여 진품 고가구를 지나치게 헐한 값으로 사려다가(전문용어로 후려치려다가) 낭패를 보는 이야기다. 보기스가 어떤 인물인지 잠시 살펴보자.

그의 직업은 골동품 가구 상인이었다. 첼시의 킹즈 로드에 가게가 있었다. 가게는 그다지 크지도 않았고, 거래도 많지 않았다. 그러나 싸게, 아주 아주 싸게 물건을 사서 아주 아주 비싸게 팔았기 때문에, 매년 짭짤한 수입을 올리고 있었다. 그는 영업에 재능이 있었다. 물건을 사거나 팔 때마다 손님에게 가장 어울리는 분위기를 가진 사람으로 슬쩍 변신할 수 있었다. 나이 든 사람들 앞에서는 엄숙하고 매력적인 모습으로 변신했고, 부자 앞에서는 비굴한 모습으로 변신했으며, 신앙심이 깊은 사람들 앞에서는 수수한 모습으로 변신했고, 약한 사람들 앞에서는 오만한 모습으로 변신했으며, 과부 앞에서는 짓궂은 모습으로 변신했고, 독신녀 앞에서는 교활하고 뻔뻔스러운 모습으로 변신했다. 그는 자신의 재능을 잘 알고 있었으며, 기회가 있을 때마다 염치없이 그 재능을 활용했다.

한마디로 상황에 따라 카멜레온처럼 변신하는, 철저히 마키아벨리적인 인간이다. 우연히 한 시골 농가에 들렀다가 상상을 뛰어넘는 멋진 고가구를 본 보기스는 그후로 일요일마다 목사로 변장하고 여러 지역의 농가를 돌아다니며 헐값에 고가구를 사들인다. 그러던 어느 날, 한 허름한 농가에서 18세기 영국 가구 가운데 가장 훌륭하다고 칭송받는 '치펀데일 장'을 발견한다.

그가 보고 있는 것은 전문가라면 손에 넣기 위해 무슨 짓이라도 할 만한 가구였다. 문외한은 별 생각 없이 지나칠 수도 있었다. 특히 지금처럼 더러운 흰 페인트로 덮여 있을 때는. 하지만 보기스 씨에게 이것은 고가구상의 꿈이었다. 보기스 씨는 유럽과 미국의 다른 모든 고가구상과 마찬가지로 현존하는 18세기 영국 가구 가운데 누구나 선망하는 가장 유명한 물건은 '치펀데일 장'이라고 알려진 가구 세 점이라는 것을 알고 있었다.

1만 파운드 이상 받을 수 있는 이 희귀하고 역사적인 고가구를, 순진한 농부는 고작 50파운드에 팔겠다고 한다. 그것도 깎아달라고 할 것에 대비해서 높게 부른 가격이었다. 그렇다고 너무 냉큼 사가면 농부가 목사로 변장한 보기스를 의심할 수도 있으니, 흥정을 하더라도 10퍼센트 안팎으로만 하고 금방 떠났으면 좋았으련만, 탐욕이 몸에 밴 보기스는 온갖 거짓말로 가격을 후려친다.

"오십을 내시오."
러민스가 말했다.
바늘로 찌르는 것 같은 달콤한 전율이 보기스 씨의 다리 뒤쪽을 타고 내려가 발바닥까지 이르렀다. 이제 그의 것이 되었다. 장은 그의 것이었다. 의문의 여지가 없었다. 그러나 오랜 세월의 필요와 생활에 의해 얻은 습관, 즉 싸게, 가능한 한 최대한 싸게 사는 버릇이 강하게 뿌리를 내리고 있어 보기스 씨는 쉽게 물러설 수가 없었다.

보기스 씨는 작은 소리로 소곤거렸다.

"나한테는 다리만 필요합니다. 서랍은 나중에 다른 쓸모가 있을지도 모르지요. 하지만 나머지는 나한테 시체에 불과합니다. 친구분이 정확하게 말씀하셨듯이 땔감에 불과합니다."

"삼십오로 합시다."

러민스가 말했다.

"안 됩니다, 안 돼요! 그만한 가치가 없습니다. 게다가 값을 가지고 이렇게 옥신각신하는 것은 제 성미에 맞지 않는 일이기도 합니다. 이러면 안 되는 거지요. 마지막으로 제안을 하고, 안 되면 그냥 가겠습니다. 이십 파운드."

이렇게 해서 교활한 능력자 보기스는 1만 파운드 이상의 값이 나가는 역사적인 가구를 단돈 20파운드에 사기로 하고, 춤을 추며 가구를 실을 차를 가지러 간다. 하지만 그 사이, 비극이 발생한다. 보기스가 워낙 심하게 튕겼기 때문에, 그의 변심을 걱정한 농부가 장에서 다리를 잘라버린 것이다. 보기스가 다리만 필요하다고 했으니까. 게다가 다리를 제외한 나머지 부분은 땔감에 불과하다고 했으므로, 농부는 도끼로 가구의 몸통을 진짜 땔감으로 만들어버린다.

"것 봐요! 그러니까 내 말을 들어보세요. 이렇게 하는 겁니다. 그 작자가 원하는 건 다리뿐이라고 했죠, 그렇죠? 맞죠? 그러니까 그 작자가 돌아오기 전에 이 자리에서 얼른 다리만 잘라내자 이겁니다. 다리만이면 틀림없이 차에 들어갈 테니까. 그 작자가 집에 가서 직접 다리를 잘라내는 수고를 덜어주자 이거죠. 어때요, 러민스 씨?"

몇 년 전 연말에 〈로맨틱 홀리데이〉(The Holiday, 2006)라는 영화가 인기였다. 크리스마스 시즌을 겨냥한 초호화 캐스팅(캐머런 디아즈, 케이트 윈슬렛, 주드 로, 잭 블랙)의 전형적인 로맨틱드라마였다. 어맨다와 아이리스는 온라인상에서 '홈 익스체인지(home exchange) 휴가'를 보낼 수 있는 사이트를 발견하고 2주의 크리스마스 휴가 동안 서로의 집을 바꿔 생활하게 되는데, 두 여자 모두 새로운 환경에서 진실한 사랑을 만난다는 줄거리다.

이 영화를 당시 스스로를 '학삐리'라고 폄하해서 부르는 시니컬한 문학평론가랑 같이 봤다. 영화를 보고 저녁을 먹으러 갔는데, 학삐리 평론가가 한 문장으로 영화를 평해주었다.

"교환은 생산이다."

싱글 남녀가 로맨틱드라마를 함께 보고 나와 크리스마스 캐럴이 울리는 레스토랑에서 마주보고 앉아 할 이야기는 아니지만(괜히 '학삐리'가 아니었던 것이다), 이 말은 불변의 진리다.

교환은 생산이다. 즉, 직접 생산하는 것과 동등하거나 그 이상의 가치를 얻을 수 있을 때 교환이 성립된다. 서로 얻을 수 있는 것이 없다면 교환은 일어나지 않는다. 이게 바로, 모든 협상의 기본이나. 협상을 잘하기 위해서는 다양한 노하우와 기술이 필요하지만, 그건 부차적인 문제다. 궁극적으로 양쪽 모두 만족하는 교환이 발생하지 않는다면, 그

협상은 실패한 거다. 어느 한쪽의 일방적인 희생을 강요할 때, 협상은 결렬되거나 비극적인 결과를 초래한다.

연애의 고수들에게 비법을 물으면 너무나 허탈하고 허무하게 진부한 대답을 내놓는다.

"진심으로 대하는 것!"

그런데 이 말 또한, 불변의 진리다. 요즘 무슨 연애학원 같은 것도 있던데, 아무리 각종 기술(?)을 배워도 서로를 향한 진심이 없으면 서로 간보고 맛보다가 얼마 못 가서 끝나고 만다.

상대방이 원하는 가치가 무엇인지 알고, 그 가치를 제공하겠다는 진심이 없다면 그 어떤 교환도 협상도 성사되지 않는다. 보기스는 누구보다도 협상을 잘한다고 자부했지만, 정작 협상의 기본을 몰랐다. 탐욕도 습관이다. 1만 파운드 이상의 역사적인 고가구를 사면서 고작 30파운드 아껴서 뭐 하겠다고, 그렇게 쓸데없는 고집을 부리다가 낭패를 당한단 말인가.

'교환은 생산이다.' 어떤 협상을 할 때나 항상 생각한다. 시장의 최전선에 있는 영업사원인 내가 학삐리의 말을 협상의 기본으로 삼다니, 그것 참 아이로니컬한 일이다.

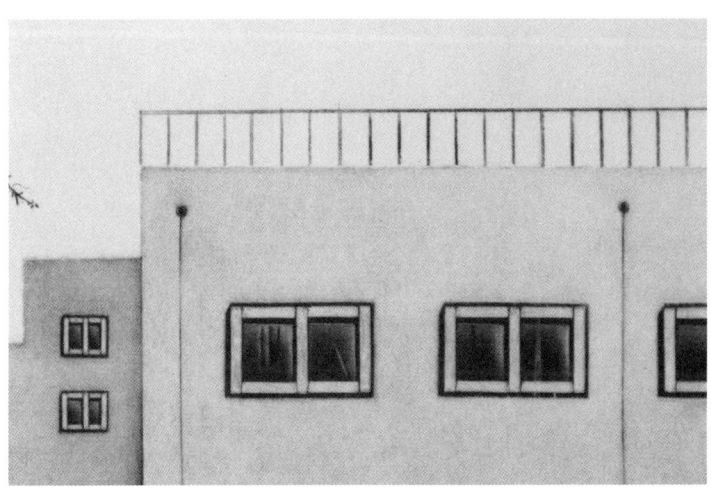

오랜만에
걸려온 전화엔
상처받지 않는 게
좋아

몇 년 전, 지하철에서 우연히 중학교 동창 K를 만났다. 그다지 친한 사이는 아니었지만, 워낙 오랜만에 만났기에 서로 명함을 주고받으면서 "다음에 만나서 차라도 한잔 하자"는 의례적인 인사를 하고 헤어졌다.

그런데 바로 그 다음 날, K에게 전화가 왔다.

"수선아, 어제 만나서 너무 반가웠어. 너 오늘 저녁 시간 되니? 저녁이라도 같이 먹자."

난 뜻밖의 전화에 당황하며 말했다.

"미안해, 오늘 저녁에 회식이 있어."

"그래? 어쩔 수 없지 뭐. 그럼 다음에 만나자."

그렇게 전화를 끊고는 금세 잊어버렸다. 그런데 며칠 뒤, K에게 또 전화가 왔다.

"지난주에 회식은 잘했니? 오늘 저녁은 시간이 어때?"

친하게 지낸 기억도, 할 말도 별로 없는데 또 전화를 한 게 이상하기도 했고, 자꾸 거절하는 게 미안하기도 했다.

"미안해. 내일부터 출장이라 오늘 퇴근도 늦고 들어가서 짐도 싸야 해. 다음에 보자."

그런데 그게 끝이 아니었다. 그후로도 서너 차례 더 전화가 왔고, 당시 한창 바빴던 나는 번번이 거절을 할 수밖에 없었다. 전화가 거듭될수록 의아함과 함께 미안함은 커져만 갔다. 왜 계속 전화를 하는 걸까? 계속 거절하는데 기분 나쁘지도 않은 걸까?

전화를 할 때마다 특별한 용건도 없었다. 그냥 저녁이나 한번 먹자는 거였다. 마지막 전화가 왔을 때, 난 미안한 마음에 악성 채무자가 된 심정으로 말했다.

"너 그럼 이번 주 토요일은 어때? 여유있게 점심이나 먹자. 내가 살게."

이렇게 해서 난 중학교 동창 K와 잊을 수 없는 재회를 하게 되었다. 벌써 몇 년 전임에도 불구하고, 그 만남은 아직도 생생하게 기억이 난다.

우리는 토요일 오후 2시쯤, 점심시간이 지난 한가한 고깃집에서 만나, 고기를 시키면 냉면이나 된장찌개를 서비스로 주는 '점심특선'을 먹었다. 너무 오랜만에 만나는 동창이라 '뻘쭘'해서 맥주도 한잔 마셨다.

우리는 별다른 화제 없이 고기를 구우며 다른 동창들의 근황에 대해 얘기했다. 누구는 연하남이랑 결혼을 했다더라, 누구는 이혼을 했다더라, 누구는 이민을 갔다더라, 누구는 쌍둥이를 낳았다더라…… 뭐, 그런 해도 되고 안 해도 그만인 소소한 얘기들을 하면서, 의아했다. 나랑 겨우 이런 얘기나 하려고 대여섯 번이나 전화를 한 걸까? 중학교 때 나랑 친하게 지낼 기회가 없었지만, 혹시 나랑 친하고 싶었던 걸까?

뭔가 2프로 부족하고 민숭민숭한 만남에 혼자서 상상의 나래를 펴며 서비스로 나온 물냉면을 먹고 있는데 K가 말했다.

"내가 커피 한잔 살게. 조용한 데 가서 얘기 좀 하자."

알고 있는 거의 모든 동창의 근황에 대해서 이미 얘기했는데 더 이상 또 할 얘기가 뭐가 있을지 의아했지만, 거절할 이유도 딱히 없어서 K를 따라나섰다. 우리는 별다방도 콩다방도 아닌, 요즘 보기 드물게 널찍한 소파와 테이블이 있는 카페에 들어갔다. 매캐한 담배냄새가 낡은 소파에 화석처럼 배어 있었다.

커피가 나온 다음, 마주앉은 K가 내게 책을 한 권 내밀었다. 《레밍 딜레마》라는, 내 취향이라고는 할 수 없는, 《누가 내 치즈를 옮겼을까》 유의 얇은 책이었다. K는 다소 비장하게 말했다.

"한번 읽어봐. 비전을 세우는 데 큰 도움이 될 거야."

K는 '비전'이란 단어를 스타카토처럼 끊어서 힘주어 말했다. 토요일 오후에 10년도 훌쩍 지나 만난 중학교 동창에게 '비전'이란 단어를 듣는다는 건 무척 초현실적이고 기괴한 느낌이었다. 난 얼결에 고맙다고 말하며 그 책을 가방에 넣었다. 그제야 K는 '본론'을 말하기 시작했다.

"넌 언제까지 회사만 다니며 살 수 있다고 생각하니? 돈이 돈을 벌게 해야지."

K는 모 다단계판매망의 조직원이었고, 나를 자기 밑으로 포섭하려고 했다. 순간, 너무나 화가 났다. 고작 이런 말이나 듣자고 그동안

전화가 올 때마다 그토록 미안해하고 고기까지 샀단 말인가? 날 좋은 토요일 오후에 쓰디쓴 커피를 마시며 다단계 권유나 받고 있는 내 모습이 너무나 한심했다. K의 명함은 분명 번듯한 금융회사였는데, 다단계판매는 대체 뭐란 말인가? 난 쭈뼛거리며 물었다.

"너네 회사는 회사 다니면서 이런 거 해도 돼? 우리 회사는 이런 거 하면 절대 안 돼."

K는 딱하다는 듯이 나를 쳐다보며 말했다.

"왜 그렇게 순진하니? 너보다 훨씬 좋은 회사 다니고 전문직인 사람들도 다 해. 고위공무원도 많고, 교수도 많다고. 내가 아무한테나 이런 좋은 기회를 권하는 게 아니야."

난 K의 말을 들으며 삶의 비의(悲意)를 느꼈다. 이런 거였구나, 이런 거였구나, 10년도 더 지나 전화한 이유가 이런 거였구나.

그후로 난, 오랜만에 걸려오는 전화를 경계하게 됐다. 아주 가끔, 아무런 목적 없이 그저 궁금해서, 보고 싶어서, 목소리가 듣고 싶어서 전화를 거는 이가 있긴 있다. 하지만 오랜만에 걸려오는 거의 모든 전화에는…… 이유가 있다. 그리고 그 이유는 대부분…… 피하고 싶은 것들이다.

누구나 한번쯤 이런 '오랜만에 걸려온 전화'를 받았다가 낭패를 본 적이 있겠지만, 김애란의 단편 〈너의 여름은 어떠니〉의 주인공 미영처럼 혹독하게 당한 사람은 아마도 없을 것 같다. 20대 후반의 뚱뚱한 여자 미영은 대학시절 혼자서 좋아했던 남자 선배에게, 그러니까 아직도 가슴이 쿵쿵 뛰는 혼자만의 '첫사랑'에게 전화를 받는다.

모 케이블방송국 AD인 선배는 2년 만에 전화를 걸어 '도와달라'고 말한다. 출연자가 갑자기 펑크를 내서 급히 때워야 한다고. 그냥 배경 같은 거고 카메라에 자주 잡히지도 않으니, 하루 아르바이트라 생각하고 출연해달라고. 미영은 망설이다 좋아하는 선배를 돕고 싶은 마음에 허락한다. 내심 급한 상황에서 다른 사람이 아닌 자기에게 전화해준 걸 기뻐하면서.

그런데 선배가 자세히 설명해주지 않은 미영의 역할은 가만히 앉아 있기만 하면 되는 방청객 같은 게 아니었다. 참혹하고 끔찍하게도, 미영이 해야 할 역할은 '푸드파이터'라 불리는 먹기대회 우승자 뒤에 몸에 꽉 끼는 레슬링복을 입고 서서 핫도그를 먹는 거였다. 펑크를 때워야 한다는 일념밖에 없는, 궁지에 몰린 AD는 일단 미영을 불러놓고 촬영 직전에야 이 끔찍한 역할을 설명해줬기 때문에, 불쌍한 그녀는 도망갈 시간도 없었다.

푸드파이터는 뜻밖에 여자였다. 게다가 늘씬하기까지 했다. 그녀는 몸에 딱 붙는 탱크탑에 치어걸들이나 입는 노란색 미니스커트를 입고 있었다. 그녀를 보자, 선배가 왜 나를 불렀는지 그리고 왜 그렇게 간절하게 잡았는지 알 수 있었다. 주위에 뚱뚱한 사람을 세워둔 뒤, 그녀를 더 돋보이게 하기 위해서였다. '이렇게 마른 여자가 저렇게 비만인 사람들보다 잘 먹는다'라는 걸 알리려고. 나는 의상 담당자가 준 옷을 입고 한동안 밖에 나오지 못했다. 제작진이 일부러 한 치수 작게 준비한 레슬

링 복이었다. 꽉 끼어 불편한 옷에 가까스로 몸을 구겨넣자, 옆구리 살과 뱃살이 볼품없이 드러났다. 누가 봐도 초라하니 우스꽝스런 모습이었다. 망설이다 작가의 재촉을 받고 분장실을 나왔다. 사람들에게 알몸을 보이는 것 같아 몸을 바싹 웅크린 채 두리번거렸다. 나는 군살을 감추려 끊임없이 옷을 잡아당겼다. 케이블이라 보는 사람이 별로 없을 거라 스스로 다독여봤지만, 마음 같아선 지금이라도 당장 그만두고 싶은 심정이었다. 선배는 아무렇지 않게 나를 타이르며 격려했다. 하지만 그 말은 내게 상처가 됐다.

"미영아, 그냥 평소 너 먹는 대로만 해. 긴장하지 말고. 알았지?"

아, 이 끔찍한 상황이라니! 아무리 소설이지만, 그러니까 어디까지나 '픽션'이지만, 너무 화가 나서 참을 수가 없다. 혼자 살아보겠다고 자기를 좋아하는 여자를 이용한 몹쓸놈을 찾아가서 한 대 시원하게 날려주고 싶다. 아니, 남극에서 땀날 때까지 엎어놓고 밟아주고 싶다. 잘못이라고는 이 비열한 남자를 좋아한 죄밖에 없는 미영은 앞으로 이 나이트메어 같은 사건을 어떻게 잊을 수 있단 말인가? 케이블이라도 방송은 방송이고, 몸에 꽉 끼는 레슬링복을 입고 핫도그를 우적우적 먹는 동영상은 여기저기 날개를 달고 돌아다닐 테고, 설령 그 동영상들을 다 회수한다 한들 본인의 뇌에서는 잘라낼 수 없다. 잊으려잊으려 해도 더더욱 또렷해지며 '무한반복' 재생되는 그 질기고 독하고 끔찍한 기억이라니! 정말, 남의 일 같지가 않다.

오랜만에 걸려온 전화는 일단, 경계해야 된다. 이 바쁘고 빡빡한, 정신없이 질주하는 세상에서 누군가의 목소리가 듣고 싶다는 이유만으로 몇 년 만에 전화하는 사람은, 거의 없다. 인정하기 싫지만 그게 '불편한 진실'이다. 반가운 마음에 몇 년 만에 만났다가 그 만남 이후 마음만 착잡해지는 경우를 주위에서도 많이 봤다.

함께 청운의 꿈을 꾸었던 그 많은 사람들은 어느새 그렇게 다단계 판매, 보험영업, 자동차영업, 잡지 정기구독 권유, 투자 유치, 카드 할당량 채우기, 인터넷 회선 판매……를 하고 있단 말인가? 마음이 아프다. 입장 바꿔 생각하면, 얼마나 급하고 얼마나 쪼이면 그렇게 오랜만에 전화를 걸어 아쉬운 소리를 할까 싶다. 10년 만에 전화해서 "너 ○○카드 있니?"라고 물어보기란 누구에게나 정말 쉽지 않은 일일 텐데.

이렇게 오랜만에 걸려오는 전화를 경계하다 보니, 행여나 나도 그런 오해를 받지 않을까 하는 노파심에, 문득 생각나는 옛 친구가 있어도 전화를 못하고 또 안 하게 된다. 보고 싶은 마음에 몇 년 만에 불쑥 전화했다가 이런 말이나 듣지 않을까 두렵다.

"이게 누구야? 정말 오랜만이네! 근데 갑자기 웬일이야? 결혼해?"

아닌 걸 아니라고
말하지 못할 때
외롭지 않니?

1

"엄마, 갈릴레오 갈릴레이가 불쌍해. 얼마나 외로웠을까?"

어렸을 때, 갈릴레오 갈릴레이 위인전을 읽은 나는 눈물을 글썽이며 말했다.

"엄마, 나도 갈릴레오 갈릴레이처럼 위대한 과학자가 될래!" 이런 말을 기대하며 거금을 들여 '어린이 위인전 전집'을 사준 엄마는, 눈물까지 글썽이며 갈릴레오 갈릴레이가 불쌍하다고 말하는 어린 딸을 망연자실한 표정으로 한참을 바라보셨다.

2

"아~따 해삼은 참 뻘건 게 징그럽게 생겼어, 잉?"

신입사원 때, 같은 팀 선배 N대리가 횟집 수족관의 멍게를 가리키며 말했다.

"네? 그건 해삼이 아니라 멍겐데요?"

어리바리했던 나는 정색을 하고 또박또박 말했고, 녹정 좋은 N대리는 껄껄 웃으며 큰 소리로 말했다.

"니 해삼 안 먹어봤냐? 이건 멍게가 아니라 해삼이야, 해삼!"

지금처럼 스마트폰이 있었다면 당장 사진을 찾아 보여줬겠지만, 그땐 멍게를 해삼이라 우기는 선배에게 그 자리에서 그건 해삼이 아니라 멍게라는 걸 증명할 방법이 없었다.

그때 마침 화장실에 갔던 입사동기 K가 나왔다. 난 반색을 하며 지원을 청했다.

"글쎄 N대리님이 멍게보고 해삼이래."

K는 씩 웃으며 말했다.

"에이, 대리님. 이거 멍게잖아요."

하지만 우격다짐 N대리는 단호하게 말했다.

"이놈들아, 이건 해삼이라니까, 해삼!"

그러자 K가 바로 꼬리를 내리며 능청스럽게 거들었다.

"아, 맞다! 이거 해삼이네, 해삼! (내게 윙크를 날리며) 수선아, 이거 해삼이야!"

난 멍게를 해삼이라 말하는 K를 망연자실한 표정으로 바라봤다. N대리와 K는 남자들끼리 한잔 더 하러 가고, 난 지하철을 타러 터벅터벅 걸어가면서 지구는 돌지 않는다고 말해야 했던 갈릴레오 갈릴레이를 생각했다.

3

사회생활을 시작한 지 1~2년이 되지 않아 알게 되었다. 멍게를 해삼이라고 우기는 것 정도는 아주아주 귀엽고 사랑스럽기까지 한 애교에 불과하다는 것을. 옛말에 틀린 말 없다더니, '목소리 큰 놈이 이긴다'는 말도 틀리지 않았다. 우격다짐으로 목에 핏대를 세우고 우겨대면 당해낼 재간이 없다. 그런 '꼴통'들에게 몇 번 시달리고 나면, 나중에는 알아서 피하게 된다.

사회생활을 시작한 지 1~2년이 되지 않아 또 하나 알게 되었다. '어린 여자'는 눈을 똥그랗게 뜨고 상대를 정면으로 쳐다보면서 "그게 아니고요"라고 직설적으로 말해서는 안 된다는 것을. 아저씨들이 제일 못 참아하는 게 어린 여자의 '위협'이라는 것을. 고속도로에서 어린 여자가 추월이라도 하면 광분해서 앞지르고, 옆 러닝머신에서 달리는 어린 여자가 속도를 올리면 심장이 터져 죽는 한이 있더라도 속도를 더 낸다는 것을.

난 득음을 하기 위해 하루에도 몇 개씩 날계란을 먹고 폭포 밑에 들어가 발성연습을 하듯 전력을 다해 '예쁘게 말하는 법'을 터득해야 했다. '꼰대'들이 아무리 말도 안 되는, 복장 터지는 말을 해도 "그게 아니고요"라는 공격적인 말로 화를 부르는 대신, 간을 빼서 냉동실 깊숙이 보관한 다음 사근사근 나긋나긋 이렇게 말해야 하는 것이었다.

"아…… 정말 구구절절 옳으신 말씀이에요! 근데…… 제가 잘 몰라서 그러는데요, 아까 하신 말씀 중에 ○○부분은요, 혹시 A 대신 B라고 하면 안 되는 건가요? 제가 아직 너무 몰라서요."

멍게를 해삼이라고 우기는 건 정말, 아무것도 아니었다. 그까짓 멍게, 이름 좀 바뀌면 어때? 먹는 데 아무 상관 없으면 됐지. 그런데 살다 보면 그렇게 간단히 무시하거나 넘겨버리지 못하는 일, 넘겨버려서는 안 되는 일들이 있다. 아무리 힘들고 외롭더라도 지켜내야 할 가치가 있으므로. 그런 순간 정말, 처절하게 외롭다. 그런 순간이면 나는 갈릴레오 갈릴레이를 생각한다.

4

얼마 전, 이장욱의 단편 〈변희봉〉을 읽었다. 제목 '변희봉'은 말 그대로 영화 〈괴물〉에서 송강호의 아버지로 나온 배우 변희봉 선생의 이름이다. 소설은 아무도 '변희봉'을 모르는 세상에 사는 '만기'라는 남자에 대한 이야기다.

회사원생활을 하다가 배우가 되려고 뒤늦게 연극판에 뛰어든 만기, 늦깎이 조연배우 만기가 어렸을 때부터 가장 흠모하고 존경해온 배우가 변희봉 선생이다. 어느 날 만기는 지하철역에서 우연히 변희봉 선생을 만나고, 너무나도 기쁜 나머지 만나는 사람 모두에게 변희봉 선생을 만났다고 자랑한다.

그런데…… 믿기지 않게도 아무도, 그 많은 사람 중에 단 한 명도 '변희봉'이라는 존재를 모른다. 영화 〈플란다스의 개〉에서 경비원 역을 한 배우라고 설명하면 그건 장항선이라고 하고, 〈괴물〉에서 송강호 아버지 역으로 나온 배우라고 설명하면 그건 김인문이라고 한다. 답답해서 미칠 지경이다. 지푸라기라도 잡고 싶은 마음에 이혼한 아내에게까지 전화를 해서 물어봐도 그게 누구냐고 되묻는다. 인터넷으로 검색을 해봐도 검색결과가 없다고 한다.

어릴 때부터 변희봉이 나온 드라마 〈수사반장〉을 보며 자랐고, 〈괴물〉에서 송강호 아버지도 분명히 김인문이 아니라 변희봉인데, 아무도 그걸 믿어주지 않으니, 도대체 무슨 말을 하는 거냐고 핀잔만 주니, 만기의 답답함은 점차 스스로에 대한 의심으로 변해간다.

> 밴히봉이라는 사람은 정말 없는 게 아인가…… 그런 생각이 들었다. 내 마음이 어딘지 삐끗해서, 쪼매 다른 세상으로 빠지들어간 기 아인가…… 싶은 기.

모두가 아니라고 하는데, 인터넷을 다 뒤져도 사진 한 장 없는데, 아무런 증거도 증인도 없는데, 말하면 할수록 미친 놈 취급만 받는데…… 무슨 수로 끝까지 내 말이 맞다고 주장할 수 있을까? 누구라도 이런 끔찍한 상황에 빠진다면…… 끝까지 내가 아는 진실을 주장하기보다는 '내가 뭘 잘못 알았나 봐' 하고 타협함으로써 승산 없는 게임에 종지부를 찍을 것 같다. 그만 부대끼기 위해서, 그만 다치기 위해서, 그만 상처받기 위해서.

어쩌면, 아무도 변희봉을 모르는 세상에서 스스로를 의심하게 된 고독한 만기도 갈릴레오 갈릴레이를 생각했을지 모른다.

5

갈릴레오 갈릴레이는 지동설을 지지했다는 이유로 '이단'으로 몰려 종교재판을 받았고, 자신의 신념을 송두리째 부정하는 지욕적이고 굴욕적인 맹세를 해야만 했다.

(……) 태양이 세계의 중심이고 움직이지 않으며 지구는 세계의 중심이 아니고 움직인다는 거짓 의견을 완전히 버릴 것이며, 전술한 이론을 구두나 서면 등 어떤 형식으로든 지지하고 옹호하거나 또는 가르쳐서는 안 된다는 요지의 명령을 이 성청(聖廳)이 저에게 사려 분별 있게 암시한 뒤에도, 그리고 전술한 교리가 성서에 배치된다고 저에게 통보한 뒤에도, 저는 이미 단죄된 이 교리를 논의하고 어떠한 해답도 제시하지 않은 채 이 교리를 지지하는 매우 강력한 주장을 도출하는 한 권의 책을 써서 출판했습니다. 그리고 이 사실이 원인이 되어 저는 이단, 다시 말하면 태양이 세계의 중심이고 움직이지 않으며 지구는 중심이 아니고 움직인다는 것을 주장하고 믿었다는 강력한 의심을 성청으로부터 받은 바 있습니다.

따라서 저에 대해서 정당하게 제기된 이 강력한 의심을 추기경 예하와 믿음 있는 모든 기독교도의 마음에서 제거하고자, 성실한 마음과 거짓 없는 믿음으로, 저는 앞서 말한 과오와 이단, 그리고 전술한 교회에 배치되는 다른 모든 과오와 교파 전반을 포기하며 저주하고 혐오합니다. 그리고 저는 그와 비슷한 의혹을 불러일으킬 어떤 것도, 이후에는 절대로, 구두나 서면으로 말하거나 주장하지 않을 것을 맹세합니다.

_ 제이콥 브로노우스키, 《인간 등정의 발자취》(바다출판사)

돌고 있는 지구에 두 발을 딛고 서서 지구가 움직인다는 것은 '거짓'이라고 말해야 했던, 자신의 과오를 저주하고 혐오한다고 말해야 했던 갈릴레오 갈릴레이는 도대체, 얼마나, 외로웠을까?

갈릴레오 갈릴레이가 교황청에서 공식 복권된 것은 아직 20년

밖에 되지 않았다. 그가 교황청으로 소환되어 유죄를 선고받은 것은 1633년, 공식적으로 복권된 것은 1992년. 복권되기까지 정확히 359년이 걸렸다. 359년. 갈릴레오 갈릴레이는 죽어서도, 얼마나, 외로웠을까?

오늘도 난, 갈릴레오 갈릴레이를 생각한다.

다 잘될 거야, 라는
엉터리 같은
믿음부터 버리자고

●

　　로맹 가리(Romain Gary, 1914~1980)의 소설을 읽어보지 않았더라도 이 예사롭지 않은 이름, 뭔가 신비롭고 드라마틱한 향취가 묻어나는 이 작가의 이름은 많이들 들어봤을 거다.

　　로맹 가리는 1914년 러시아에서 리투아니아계 유대인 부부의 아들로 태어났다. 그가 열한 살 때 아버지는 가정을 버렸고, 열네 살 때 어머니는 어린 아들을 데리고 프랑스로 이주했다. 그때부터 로맹 가리는 프랑스 국적으로, 프랑스인으로 살았다. 2차대전 때는 프랑스의 전투기 조종사로 혁혁한 공을 세워 레지옹 도뇌르 훈장을 받은 전쟁영웅이었고, 이후 미국·페루·볼리비아 등에서 활발하게 활동한 프랑스의 외교관이었다.

　　그뿐이랴. 프랑스의 가장 권위있는 문학상인 공쿠르상도 두 번이나 받았다. 1956년에는 로맹 가리라는 실명으로 발표한 《하늘의 뿌리》로, 1975년에는 '에밀 아자르'라는 가명으로 발표한 《자기 앞의 생》으로. 로맹 가리와 에밀 아자르가 동일 인물이라는 것은 그가 죽은 후 유서를 통해 밝혀졌다.

　　로맹 가리의 드라마틱하고 전설적인 삶은 이게 다가 아니다. 그는 그 유명한 장 뤼크 고다르가 감독한 〈네 멋대로 해라〉의 여주인공 진

세버그의 남편이기도 하다. 진 세버그는 1979년 파리에서 약물과용으로 죽었고, 로맹 가리는 1년 후인 1980년 권총으로 자살했다. 남의 말 하기 좋아하는 호사가들을 위해 그는 유서에 이런 말을 남겼다.

진 세버그와는 상관없는 일이다. 깨진 사랑 얘기를 좋아하는 사람들은 다른 데 가서 알아보시길.

로맹 가리의 단편집《새들은 페루에 가서 죽다》는 인간의 위선과 위악을 품위 있게 조롱하는 훌륭한, 아름답기까지 한 소설집이다. 열여섯 편 모두 버릴 게 없는 보석 같은 작품이지만, 이중에서도 내가 제일 좋아하는 것은 〈어떤 휴머니스트〉다. 소설은 이렇게 시작된다.

아돌프 히틀러 총통이 독일에서 권력을 잡을 무렵, 뮌헨에 칼 뢰비라는 장난감 공장 사장이 살고 있었다. 인간성과 질 좋은 시가와 민주주의를 믿는 쾌활한 낙관주의자인 그는 혈통상 아리안 족의 피는 별로 섞이지 않았지만 새 총통의 유태인 배척 선언을 그리 심각하게 여기지 않았다. 어찌 됐건 사람들 마음속에 깃들여 있는 어떤 생래적인 정의감과 절제와 이성이 일시적인 탈선을 바로잡으리라고 믿고 있었던 것이다.

즉, 이 소설의 주인공 칼 뢰비는 휴머니즘과 성선설을 신봉하는 유대인이다. 히틀러가 권력을 잡자 많은 유대인이 이민을 갔지만, 칼 뢰비는 같이 이민을 가자는 많은 친구의 간곡한 충고에도 불구하고 뮌

헨에 남는다. 모든 인간은 결국 선하니까, 히틀러의 광폭함도 오래가지 않을 거라고 믿었다.

하지만 전쟁이 일어나자 상황은 점점 더 나빠졌고, 정복(正服) 차림의 청년들에게 심한 폭력을 당한 다음에야 칼 뢰비는 도피의 필요성을 느낀다. 그는 독일인 하인 슈츠 부부의 도움을 받아 지하실로 도피한다.

> 서재의 양탄자가 걷어올려지고, 마룻바닥에 구멍이 뚫리고, 지하실로 내려가는 계단이 설치되었다. 원래 있던 지하실 출입구는 폐쇄되었다. 시가 상자들에 이어 서재에 있던 물건들 대부분이 그곳으로 옮겨졌다. 포도주와 다른 술들은 이미 거기 있었다. 슈츠 부인은 가능한 한 안락하게 은신처를 꾸몄다. '게뮈틀리히(안락함)'에 대한 극히 독일적인 감각으로 그 지하실은 며칠 만에 쾌적하고 정돈된 작은 공간으로 바뀌었다. 쪽마루의 구멍은 꼭 맞는 사각형의 나무로 교묘하게 감춰졌고, 그 위에 양탄자가 덮였다. 그리고 칼은 슈츠와 함께 마지막으로 외출해 몇 장의 서류에 서명했다. 재산을 몰수당하는 것을 막기 위해 공장과 집을 그들에게 매각한 것처럼 꾸몄던 것이다.

휴머니즘을 신봉하는 낙관주의자 칼 뢰비는 지하실에서 은둔생활을 하며 슈츠 부부의 극진한 보살핌을 받는다. 슈츠 부부는 매일 맛있는 음식과 질 좋은 포도주를 갖다주고, 말동무가 되어준다. 그는 처음에는 라디오도 듣고 신문도 읽었지만, 매일같이 전해지는 끔찍한 소식들에 인간의 선함을 믿는 자신의 신념이 깨질까 봐 라디오도, 신문도 거부한다.

칼은 처음에는 신문들도 내려보내게 했고 라디오도 곁에 두었다. 하지만 육 개월 후 뉴스가 점점 더 그를 실망시키고 세상이 진짜 타락하는 것처럼 여겨지자, 인간의 본성 속에 간직되어 있다고 굳게 믿고 있는 신념을 일시적인 정황의 반향으로 위협당하지 않기 위해 라디오를 치우게 했다. 팔짱을 끼고 입가에 미소를 띤 채 그는 지하실 구석에서 장래가 불투명한 현실과의 모든 접촉을 거부하고 자신의 신념을 충실히 지키고 있었다. 결국 그는 지나치게 사기를 꺾어놓는다는 이유로 신문을 읽는 것마저 거부하고, 서재에 꽂힌 걸작들을 되풀이해 읽으면서, 영속하는 것이 일시적인 것에게 가하는 그런 반박들에서 자신의 신념을 유지하는 데 필요한 힘을 길어내게 되었다.

그렇게 눈을 가리고 귀를 막은 채, 지하실 구석에서 플라톤·몽테뉴·에라스무스를 읽는 가운데 몇 년이 흐른다. 장기간의 지하생활에 몸은 약해지고 병이 든다. 하지만 휴머니즘을 신봉하기에, 결국은 좋은 날이 올 거라고 믿기에 웃음을 잃지 않고 지하생활을 견뎌낸다. 전쟁이 끝났는지도 모르고.

한때 칼 뢰비의 하인이었으나 이제는 어엿한 장난감공장 사장이 된 슈츠 부부는 전쟁이 끝난 것을 알려주지 않고, 지하실에 갇혀 있는 칼 뢰비를 계속 돌봐준다. 언제나처럼 극진히.

매일 아침 슈츠 부인은 싱그러운 꽃을 한다발 들고 내려가 미스터 칼의 침대 머리맡에 놓는다. 그녀는 칼의 베개를 다독여주고, 그를 도와 자세를 바꿔주고, 이제 스스로 숟가락질을 할 힘조차 남아 있지 않은 그에게 음식을 먹여준다. 이제 칼은 겨우 말만 할 수 있을 정도다. 때때로 그의 눈에는 눈물이 가득 차오르고, 두 부부와 인류 전체에게 품어온 자신의 믿음을 그토록 충실히 지켜준 선량한 이들의 얼굴을 감사에 찬 눈길로 바라본다. 자신의 신념이 옳았다는 만족감 속에서 그는 양손에 충직한 친구들의 손을 잡고 행복하게 죽어가리라.

아, 이 완벽한 블랙코미디! 어떻게 이보다 위트 있고 기품 있게 인간의 위선을 조롱할 수 있을까? 전쟁이 끝난 지가 언젠데, 컴컴한 지하실에 갇혀서 자신을 속이고 재산을 강탈한 독일인 부부에게 감사하며 죽어가는 유대인이라니! 눈을 가리고 귀를 막고, 보고 싶은 것만 보고 듣고 싶은 것만 들으면서 현실을 외면하고 진실을 회피한 '짝퉁' 휴머니스트의 희비극적인 말로다.

타조는 위험한 상황에 처하면 머리만 모래에 박고는 몸 전체가 숨겨졌다고 믿는다고 한다. '짝퉁' 휴머니스트 칼 뢰비와 동일한 위기대처 법이다. 그런데 요즘, '긍정 강박 신드롬'에 빠진 사람들도 칼 뢰비나 타조와 크게 다르지 않은 것 같다. 현재 상황을 있는 그대로 보지 않고, 원인 분석도 제대로 해보지 않은 채 무슨 '긍정 부흥 집회'에 나온 것처럼 끊임없이 "긍정!"을 외쳐댄다. 긍정적인 사람이 성공한다, 긍정 마인드가 조직을 바꾼다, 긍정 리더십이 필요하다…… 매일매일 어디를 가나 귀에 못이 박이도록 '긍정'을 강조한다.

하지만 솔직히 말해서, 난 시니컬하고 부정적인 사람보다 대책 없는 '긍정 강박 신드롬'에 빠진 사람과 일하는 게 더 힘들다. 시니컬하고 부정적인 사람들은 매사에 '리스크' 요소를, 일을 벌이면 안 되는 이유들을 찾아내고 몸을 웅크리고 조심한다. 그러다 자꾸 기회를 놓쳐버려서 문제지만, 최소한 사고는 치지 않는다.

하지만 '긍정 강박 신드롬'에 빠진 사람들은 정말이지 대책이 없다. 모래에 머리만 박은 채 안전하다고 믿는 타조처럼, 수많은 사람이 죽어가는 전쟁통에 신문도 라디오도 멀리한 채 지하실에 틀어박혀 우아하게 고전이나 읽고 있는 '짝퉁' 휴머니스트처럼, 아무런 비판의식이나 대책 없이 "다 잘될 거야!"를 입에 달고 산다.

"끌림의 법칙(Law of Attraction) 아시죠? 생각하는 대로 되는 거래요. 그러니까 자꾸 부정적인 생각 하면 안 돼요. 다 잘될 거예요! 우리, 좋은 기를 모아서 다함께 으샤으샤, 파이팅!"

아, 도대체 아무런 대책도 전략도 없이 뭐가 잘될 수 있다는 걸까? 전략 수립에서 제일 중요한 첫 단계가 '현재상황(As-Is)' 분석인데, 눈 가리고 귀 막고 타조처럼 머리를 아예 통째로 묻어버리고서 뭘 어쩌자는 걸까? 남들이 하면 안 될 게 뻔한 승산 없는 게임이지만 내가 하면 된다는, 근거 없고 대책 없는 믿음은 도대체 어디서 나오는 걸까?

심한 '긍정 강박 신드롬'에 빠진 사람들을 보면, '카더라' 통신을 믿고 샀다가 반토막난 주식을 본전이 아까워 울며 겨자 먹기로 잡고 있는 '비자발적인 장기투자자'처럼, 의지에 의해서가 아니라 빼도 박도 못하는 상황에 몰려서 "다 잘될 거야!"를 입에 달고 사는 건 아닐까 싶다. 생각해봐야 골치만 아프니까, 생각한다고 달라질 것도 없을 것 같으니까, 마음이라도 편한 게 좋으니까 그렇게 긍정, 긍정…… 대책 없는 긍정 전도사들처럼 긍정을 외치는 게 아닐까?

무슨 일을 하든, 개인이나 가정의 일이든 조직 또는 국가의 일이든 범세계적인 일이든, 일단은 냉철하게 있는 그대로의 상황을 파악해야 한다. 다이어트를 하고 싶으면 비현실적인 몸매의 연예인 사진을 붙여놓고 살 빠진 후의 모습을 상상하며 즐거워하기 전에 먼저, 두렵고 피하고 싶은 일이지만 정확한 측정기에 올라서서 체중과 비만상태를 파악해야 한다. 지하실에 숨어 고전을 탐독하는 칼 뢰비처럼 긍정 전도서들을 탐독하며 쉽게 얻을 수 있는 위안과 희망에 안도하지 말고 현실을 직시해야 한다.

성철 스님께서 말씀하셨다. "자기를 바로 봅시다."

네가 지금 얼마나
유리한 입장인지
한번 생각해봐

"진짜 장난 아니에요. 못 맞히는 게 없다니까요. 선배님도 한번 가 보세요."

용하다고 소문난 점집을 어렵사리 예약해 다녀온 후배가 잔뜩 흥분해서 말했다. 뭘 그렇게 잘 맞히더냐는 질문에 그녀는 상기된 표정으로 말했다.

"글쎄 저를 보자마자 '회사일도 힘들고 결혼도 고민이구먼!' 그러는 거예요. 아무것도 묻지도 않고 제 얼굴만 보고요."

난 똑똑한 후배의 어이없는 순진함에 웃음을 터뜨리며 말했다.

"그걸 못 맞히는 사람이 어디 있어? 나라도 맞히겠다. 젊은 직장여성들의 고민이 일 아니면 사랑, 또는 그 둘 다잖아. 고민이 있으니까 점까지 보러 갔을 테고. 그걸 못 맞히는 게 오히려 이상한 거 아냐? 설마 세계평화나 민주주의의 후퇴, 경제위기나 아프리카의 기아가 걱정돼서 점을 보러 갔겠어?"

거의 모든 젊은 직장여성의 고민은 일 아니면 사랑, 또는 그 둘 다. 부끄럽지만 나도 그렇다. 매일매일 고민한다. 나의 커리어와 결혼에 대해서. 신문 국제면과 사회면, 정치면에서 날마다, 아니 하루에도 몇 번씩 참담하고 끔찍한 뉴스들을 접하지만, 전세계인의 각성과 참여가 필요한 수많은 문제를 보고 읽지만, 그때마다 잠시 한숨을 짓거나 걱정할 뿐 곧 잊어버린다. 내 코가 석 자다. 그런 일들은 당장 내게 닥친 사건이 아니니, 그저 먼 세상의 일들일 뿐이니…… 심지어 너무 힘들 때는 일부러 신문을 안 보기도 한다.

요즘 유행하는 일부 처세술 책들은 이렇게 부르짖는다.
"긍정적으로 생각하라!"
"좋은 것들만 보라!"
"아침부터 부정적인 뉴스를 보지 마라!"
이렇게 살면 확실히 편하다. 타인의 고통에, 내가 속하지 않은 집단의 고통에는 눈을 질끈 감아버리고 나만 생각하면 되니까. 내 안위와 성공, 내 일과 사랑, 내 사람들만 생각하면 되니까.

학교폭력으로 수많은 어린 학생이 고통을 당하고, 고통을 견디다 못해 어린 생명들이 스스로 목숨을 끊고, 10대 미혼모가 화장실에서 낳은 영아가 철없는 어미의 손에 살해되거나 고아원으로 보내지고, 가출한 청소년들이 최저임금도 못 받고 위험한 배달일을 하며 거리를 전전하고…… 안쓰럽기는 하지만 내 일이 아니니까, 특정 계층의 일이니까, 그런 거 아예 모르고 사는 게 속 편하니까 눈을 질끈 감고 외면해버리는 게 정말 잘하는 일일까? 맞춤형 뉴스처럼, 세상의 밝고 긍정적인 뉴스들만 골라보면서?

김영하의 《너의 목소리가 들려》는 10대 미혼모가 터미널 화장실에서 혼자 낳은 아기가 영아살해 직전에 구출되어 온갖 폭력을 겪으며 고아로 자라서 10대 폭주족이 되어 짧은 생을 마감하기까지의 이야기다.

제목이 델리스파이스의 감미로운 노래 〈챠우챠우〉의 가사를 인용한 거라 언뜻 산뜻한 로맨스가 떠오르지만, 이 소설은 매우 무거운 사회적 문제들을 총망라하고 있다. 10대 미혼모, 고아, 가출 청소년들의 온갖 폭력과 난교(亂交), 미성년자 성매매, 청소년 노동력 착취, 목숨을 내놓고 달리는 10대 폭주족, 가정의 해체, 사각지대의 인권…….

날씨 좋은 날 방에 콕 틀어박혀 이렇듯 무거운 내용의 장편소설을 읽는다는 것은 쉬운 일이 아니다. 솔직히 몇 번을 덮어버릴까 망설였다. 특히 가출 청소년들의 난교 부분에서는 너무 끔찍해서 계속 읽기가 힘들었다. 그래도 끝까지 읽은 것은 갈수록 심각해지는 청소년 문제를 이해하고자 하는 의지가 아니라, 김영하 특유의 파워풀한 서사가 내뿜는 강한 흡입력과 고통에 대한 연민 때문이었다.

《너의 목소리가 들려》는 '버려진 자의 아픔과 고통'을 이야기한다. 신문 사회면에서 여러 번 서너 줄짜리 단신을 읽은 적이 있다. 어디어디 화장실에서 10대 미혼모가 아기를 낳았다고. 그 가여운 어린 생명들은 태어나자마자 철없는 어미에 의해 살해된 채로 까만 비닐봉지에 담겨 버려지기도 했고, 가까스로 목숨을 건져 시설로 보내지기도 했다. 그런 기사들을 읽으며 믿기 어려운 처참한 현실에 절망하고 분노했지만, 그렇게 태어난 아이들이 앞으로 어떤 삶을 살게 될지 상상해본 적은 없었다. 이 소설을 읽기 전에는 한 번도.

수많은 사람의 축복과 기다림, 가족과 의료진의 보살핌 없이 더럽고 냄새나는 공중화장실에서 아무런 대책도 희망도 없이 태어나 이름도 없이 세상에 내팽개쳐진 아이에게는 도대체 어떤 삶이 기다리고 있을까?

얼마 전, 내 첫 조카 예준이가 태어났다. 예준이를 보면서 깨달았다. 아기는 존재만으로 엄청난 축복이라는 것을. 보고만 있어도 나도 모르게 웃음이 나고, 눈과 마음이 깨끗이 정화되는 느낌을 받는다. 아기는 어른처럼 사랑을 받고자 노력하지 않아도 된다. 그저 존재하는 것만으로 당당하게 사랑받는 것. 그게 아기의 존재고 권리다.

그런데 공중화장실에서 태어나 세상에 내팽개쳐진 아기들은 그렇지 못하다. 어미에게조차 버림받은 그 가혹한 운명의 아기들은 누구에게도 보호받지 못한다. 태어나자마자 버림받은, 존재 자체가 기쁨이 아닌 누군가의 짐이 되어야 했던 아이들은 인권의 사각지대에서 거칠게 자란다. 이 거대한 세상에서 아무런 보호도 연민도 받지 못하고, 혈혈단신 혼자 독기를 품고 자라난다. 한 번 웃어주는 것만으로 온 가족의 환호성을 자아내는 여느 가정의 아이들과 달리, 그저 존재하는 것만으로 눈치를 보며 자란다.

버려진 아이들은, 태어나자마자 세상에 내팽개쳐진 가혹한 운명의 아이들은 도대체 어떤 삶을 살게 될 것인가? 소설가 김영하는 어쩌면 이 질문에 답하고 싶었는지도 모른다.

이 소설은 1장이 시작되기 전 프롤로그 형식의 도입부에서, 원나라 말기 중국의 한 마술사 이야기를 들려준다. 마술사가 조수인 소년을 죽인 것처럼 위장했다가 흩어진 조각조각의 시체를 양동이에 주워담자 소년이 다시 살아난다. 이 마술에 매료된 중국의 황제는 거구의 병사를 시켜 내시를 죽인다. "다시 살리면 될 것 아니냐?" 두려움에 질린 마술사는 밧줄을 타고 하늘로 올라가 다시 내려오지 않고, 어린 조수는 피비린내가 진동하는 그 참혹한 곳에 혼자 남겨진다.

처음 이 이야기를 들었을 때는 그저 구름 위로 올라간 마술사가 어디로 갔을지 궁금했었다. 그러나 지금의 나는 그의 조수를, 마술사가 사라진 뒤 내시의 피로 흥건했을 현장에 홀로 남겨졌을 소년은 어떻게 됐을까를 생각한다.

하나뿐인, 눈에 넣어도 아플 것 같지 않은, 뭐든 다 해주고 싶은 내 조카 예준이에게 어떤 선물을 할까? 제일 비싼 유모차를 사줄까, 유아 영어교재를 사줄까, 머리가 좋아진다는 거대한 장난감세트를 사줄까…… 한참 고민하다 아동구호기관인 세이브더칠드런(Save the Children)에 전화해서 해외 아동 한 명과 결연을 맺었다. 예준이 이름으로 우리보다 가난한 환경에서 태어난 한 아이가 함께 건강하게 자랄 수 있도록 돕는 것이다.

예준이와 그 아이가 모두 어른이 되고, 서로 초대도 하고, 같이 축구도 하고, 기분 좋게 술도 한잔 할 수 있을 때까지 계속 후원할 생각이다. 나까지 셋이서 술을 한잔 하는 것도 근사한 일일 것이다. 나에게 '이모'라고 부를 건장한 두 청년과 함께라면 말이다.

예준이가 자신이 누리는 어마어마한 축복과 행복을 덜 가진 친구들과 나눌 줄 아는 사람으로 커나가길 간절히 바란다. 공부를 잘하는 것도 중요하지만, 내가 많이 가진 만큼 남이 덜 가졌다는 기본적인 산수를 할 줄 아는 아이로 자랐으면 좋겠다. 예준이가 커서 책을 읽을 줄 알게 되면 피츠제럴드의 《위대한 개츠비》를 사줘야겠다. 이 부분을 읽어주고 싶다.

"남을 비판하고 싶을 때는 언제나 이 점을 명심하여라. 이 세상 사람들이 다 너처럼 유리한 입장에 놓여 있지는 않다는 걸 말이다."

얼마 전 용산역에서 눈이 완전히 풀린 채로 쭈그리고 앉아 담배를 피우고 있는 30대 중후반의 여인을 봤다. 내 또래인 것 같은 그녀의 머리는 마지막으로 감은 지가 언제인지 모를 만큼 엉망으로 헝클어져 있었고, 옷은 이리저리 찢어지고 시커먼 그을음이 뒤덮여 더럽기 짝이 없었다. 그녀는 이 세상 모든 것을 다 포기한 듯한 멍한 눈빛으로, 어쩌면 모든 것을 초월한 무욕의 눈빛으로 담배 한 개비를 맛있게 피우고 있었다. 어디서 맞았는지, 흘러내린 옷소매 아래로 보이는 팔뚝에는 크고 작은 상처가 가득했다.

그때 문득, 생각했다. 나도 저렇게 될 수 있었다고. 태어나자마자 버려졌다면, 부모의 보호를 받지 못하고 이 험한 세상에 내팽개쳐졌다면 나도 저렇게 될 수 있었다고. 반대로 그녀도 평범하게 태어나 자랐다면 나처럼 지낼 수 있었다고. 내가 많이 가진 게 내가 잘나서 그런 게 아니라고……

 남을 비판하고 싶을 때면, 뭐 저런 사람이 다 있냐고 소리 높여 떠들고 싶을 때면, 이건 나랑 상관없는 일이라고 외면하고 싶을 때면, 난 언제나《위대한 개츠비》의 대사를 떠올리며 생각한다. 이 세상 사람들이 다 나처럼 유리한 입장에 놓여 있지는 않다는 것을.

너를
웃게 하는 사람이
제일 멋진 사람이야

대학 2학년 때, 개그를 해보지 않겠느냐는 모 방송국 PD의 권유를 받은 적이 있다. 대학생 장기자랑 프로그램에 나갔었는데, 그걸 눈여겨본 PD가 개그를 해보라고 나름 진지하게 권했다. 이제 엎어지고 자빠지는 슬랩스틱 코미디의 시대는 가고, 촌철살인의 말로 웃기는 스탠딩 개그의 시대가 올 거라면서.

　지금 생각해보면 정말, 그 PD의 예언(?)대로 되었다. 〈개콘〉에도 몸으로 웃기는 코너는 '꺾기도' 정도밖에 없다. 개그맨들의 인기도 엄청나서 영화나 드라마에도 출연하고, 가수도 하고, CF도 많이 찍는다.

　하지만 당시 그 PD의 말을 들었을 땐, 시큰둥한 표정으로 '뭔 말인가……' 했다. (그때까지만 해도 여자 코미디언들은 거의 다 뚱뚱했고, 뚱뚱한 걸로 웃겼다.) 그래서 한 번 생각해보지도 않고 일언지하에 거절했다. 가끔 〈개콘〉을 보거나 '가지 않은 길'들에 대해서 생각할 때, 만약 그때 개그를 했다면 어땠을까, 하는 생각을 해본다.

　안 하길 잘한 것 같다. 일단 내가 그렇게 웃기는 편도 아니고, 오래 하기도 힘든 일인 것 같고, 무엇보다도…… 죽기살기로 웃기는데 아무도 안 웃거나 반응이 썰렁하면 그 엄청난 스트레스를 도저히 못 견딜 것 같다.

언젠가 한 이자카야에서 모 인기 개그맨 옆 테이블에서 술을 마신 적이 있다. TV에서 보던 코믹한 표정은 온데간데없고, 안주는 거들떠보지도 않은 채 거듭 쓴 소주를 들이켜는 남다른 포스를 보니, 우리 테이블의 직장인들보다도 스트레스지수가 높은 것 같았다. 매일매일 남을 웃길 새로운 아이디어를 찾아야 한다는 건, 더 이상 웃기지 않으면 도태된다는 건 얼마나 힘들고 외로운 일일까?

직업적으로 남들을 웃겨야 하는 개그맨이 아니더라도, 이 삭막하고 건조한 사막 같은 세상에서 '유머'는 덕목이 되었다. 비즈니스에서도, 연애에서도, 일상적인 대화에서도 유머가 필요하다. 유머감각이 전혀 없는, 늘 심각하고 진지한 사람들은 '진지맨'이라고 불리며 은근한 조롱을 받는다. 소개팅에서 키 작은 남자 못지않게 인기없는 남자가 썰렁한 남자다. 〈강남스타일〉로 월드스타가 된 싸이는 일찍이 〈연예인〉이라는 노래에서 대세는 '유머러스한 남자'라는 걸 알려줬다.

나의 그대가 원한다면 어디든 무대야.
유머러스한 남자가 요즘엔 추세야.
남자다운 남자는 낭자를 기쁘게 할 줄 알아야 해.
같이 놀고 가지고 놀고 잘 놀 줄 알아야 해.

대형 서점에 가면 '유머' 코너가 따로 있다.《고품격 CEO 유머》,《CEO가 알아야 할 유머의 기술》,《1% 리더만 아는 유머의 법칙》,《리더는 유머로 리드한다》,《삶을 역전시키는 창의성 유머》…… 이런 책들이 서가에 가득하다. (이렇게 가다가는 유머지수도 토익점수와 함께 스펙의 필수 항목이 될지도 모른다. 물론, 농담이다!) 유머열풍 속에서 많은 사람이 웃기는 얘기를 들으면 다음에 써먹으려고 애써 기억해둔다. 인터넷이나 책에서 웃긴 얘기들을 찾아 외우기도 한다.

가끔 회식자리에서 한물간 유머퀴즈를 내는 사람들이 있다.
"가수 비를 아는지 모르는지 물어보려면 어떻게 물어봐야 하나?"
아…… 이런 거 듣고 모르는 척, 궁금한 척하는 것도 고역이다. 한참 갸우뚱갸우뚱하며 이런저런 오답들을 말하면, 퀴즈를 낸 사람은 의기양양하게 말한다.
"너비아니!"
이럴 때 빵 터져주는 것도 상당한 내공이 필요하다.
"아…… 너비아니! 진짜 생각도 못했어요. 너무 웃겨요, 아하하하! 근데, 너비아니 들으니까 너비아니 먹고 싶어요. 여기 너비아니 파나? 1인분 시킬까요?"
함께 있는 사람들의 분위기나 취향에 관계없이 '유머를 위한 유머'를 하면 이렇듯 웃기 힘든, 대략 난감한 상황이 발생한다.
개인적으로 내가 제일 싫어하는 유형의 유머는 '마누라의 장례식'을 소재로 한, 나이 지긋한 남자 어르신들의 유머다. 여러 가지 버전이 있지만, 모두 대동소이하다.

한 남자가 길을 가다가 장례식 행렬을 보았다. 선두에는 상주로 보이는 남자가 개 한 마리를 끌고 가고, 그 뒤로 많은 조문객이(모두 남자!) 줄지어 따라가고 있었다.

길 가던 남자가 상주에게 다가가 물었다.

"누가 돌아가셨나요?"

"내 마누라가 죽었소."

"저런! 그런데 이 개는 뭐죠?"

"이 개가 내 마누라를 물어 죽였소."

"그럴 수가! 그럼 당장 이 개를 좀 빌려주시오!"

개를 빌려달라는 말에, 상주는 자신을 따르는 긴 행렬을 가리키며 말했다.

"그럼 저 끝에 가서 서시오."

예의상 웃어주기는 하지만, 이런 유머를 들으면 참 씁쓸하다. 유머를 위한 유머, 그냥 한번 웃자고 하는 유머, 아무런 의미도 감동도 없는 유머. 결혼생활이란 게, 이런 유머가 재미있을 만큼 그렇게 힘든 걸까? 누가 듣고 있는지 전혀 상관하지 않고 말하는 사람들은 이런 유머 코드가 젊은 여자들에게도 어필할 거라고 생각하는 걸까? 달리 할 말도 없고, 여자들이 이런 얘기를 싫어하는지도 몰라서 그런 건 아닐까? 그래서 난 가끔 이런 유머를 즐겨 하시는 분들께 모파상의 단편집을 선물한다. 그의 〈보석〉은 아마도 문학사상 '마누라의 죽음'을 소재로 한 가장 빛나는 유머일 것이다.

가난한 살림에도 꾸미는 걸 좋아해서 늘 싸구려 가짜 보석으로 치장을 하던 어여쁜 아내가 죽고, 슬픔과 생활고에 시달리던 남편이 아내가 남긴 가짜 보석이라도 팔아서 끼니를 해결하려고 보석가게에 갔는데…… 그 가짜 보석들은 모두…… 진짜였다. 아내는 그 많은 보석을 모두 누구에게, 어떤 남자에게 받아서 가짜라고 거짓말을 하고 다녔을까?

죽은 아내에 대한 배신감으로 잠시 괴로워하던 남편은 아내가 남긴 값비싼 보석들을 팔아 부자가 된다. 그는 직장에 사표를 던지며 엄청난 환희를 느낀다. 물론, 바로 젊은 여자랑 재혼도 한다.

이 짧은 스토리에 삶의 희로애락과 역설과 반전, 연민과 조롱이 촘촘하게 담겨 있다. 훌륭한 유머는 이런 게 아닐까? 듣는 사람을 기계적으로 웃게 만드는 것이 아니라 웃으면서도 울게 하는, 찰리 채플린의 무성영화처럼 세상에 대한 깊은 연민이 묻어 있는, 모파상의 단편들처럼 역설과 반전이 있는.

사랑하는 사람들을 웃게 하고 싶은 건, 아마도 인간의 본능일 것이다. 초등학교 때 난 할머니와 아빠 엄마를 웃게 하기 위해 학교에서 있었던 일들을 우스꽝스럽게 재구성해서 맛깔나게 말하는 연습을 하고 또 했다. 한국 가정의 전형적인 문제인 고부갈등이 우리집에도 있었고, 난 가족들이 다함께 모여 저녁을 먹을 때 그 썰렁한 분위기를 피하기 위해 맹렬하게 웃기는 연습을 했다.

저녁을 먹으면서 내가 재잘재잘 그날 학교에서 있었던 웃기는 얘기들을 하면 가족들은 폭소를 터뜨렸고, 우리가 둘러앉은 식탁은 웃음이 넘쳐나는 스위트홈의 테이블이 되었다. 그래서 난 더욱더 웃기는 연습에 박차를 가했다. 학교에서 어떤 일이 있으면 그 사건을 어떻게 각색해야 더 웃길 수 있을지를 고민했다. 말투가 특이한 애가 있으면 그 말투를 연습해서 집에 와 흉내를 냈다. 덕분에 난 입담이 무척 좋은 어린이가 되었고, 그 영향으로 대학생 때 개그를 하라는 권유를 받기도 했던 것 같다.

사랑하는 사람들을 웃게 하고 싶다는 마음, 그 진심어린 마음이 없다면 무슨 학원에 가서 유머화법을 배우거나 인터넷판 난센스퀴즈를 외워 연마한 '유머의 기술'은 이 시끄러운 세상에 또 하나의 소음을 보태는 일이 될지도 모른다. 말하는 사람은 웃겨야 한다는 강박으로 인터넷에 떠도는 유머를 더듬더듬 얘기하고, 듣는 사람은 웃어야 한다는 강박으로 안 웃긴데도 억지로 웃는다면, 그건 서로에게 유머가 아니라 과태료 체납 고지서 같은 피하고 싶은 독촉이자 의무가 될 것이다.

대학생 때 개그를 하겠다고 나서지 않은 건 참 잘한 일이었다. 하지만 난 여전히 개그맨이 되고 싶다. 내가 사랑하는 사람들을 위한 맞춤형 개그맨. 어렸을 때 본 영화 〈공포의 외인구단〉 주제곡이 생각난다. 아무리 유머감각이 꽝인 사람이라도 이 노랫말 같은 마음이라면 아마도 최고의 개그맨이 될 수 있을 것이다.

난 네가 기뻐하는 일이라면 뭐든지 할 수 있어.
난 네가 좋아하는 일이라면 뭐든지 할 수 있어.

네 안에
은교도 있고,
노시인도 있어,
그게 인생인걸

《은교》 속 시인 이적요에게 쓰는 편지

〈개콘〉이 웃기지 않은 당신에게 편지를 씁니다. 〈개콘〉을 보면서 당신의 어린 연인이 깔깔거리며 웃는 동안 당신은 얼마나 외로웠을까요? 아마도 당신에겐, 높은 톤으로 빠르게 떠드는 〈개콘〉의 대사들이 거의 들리지 않겠지요. 당신의 어린 연인은 기절할 듯이 웃다가 가끔 웃지 않는 당신을 쳐다봅니다.

"할아부지는 안 웃겨요?"

당신은 아무 대답도 하지 않습니다. 다만 속으로 말합니다. 네가 웃는 걸 쳐다만 봐도 좋다고, 하지만 같이 웃지 못하는 게 외롭다고.

일흔의 당신은 〈개콘〉을 보고 웃을 수 없습니다. 일단 속사포 같은 대사들이 잘 들리지 않고, 들린다 해도 무슨 말인지 모를 테니까요. "안녕하십니까~불이!"가, "사람이 아니므니다"가 왜 웃긴지 알 수가 없을 테니까요. 그 많은 최신 드라마와 영화의 패러디를 알아챌 수가 없을 테니까요. 당신은 그저 시끄럽기만 한 TV를 꺼버리고 어린 연인과 조용히 마주앉아 차라도 한잔 마시고 싶은데, 어린 연인은 TV 속으로 빨려들어갈 듯 집중해 보다가 데굴데굴 굴러가며 웃습니다. 하지만 당신은 같이 웃을 수가 없습니다. 그래서 당신은, 어쩔 수 없이 외롭습니다.

　당신은 〈개콘〉뿐만 아니라 어린 연인 은교가 하는 말들도 알아듣지 못합니다. 요즘 애들은 왜 그렇게 말을 줄여서 하는지 도무지 이해할 수가 없습니다. 당신은 늙었다는 이유만으로, 늙어서 어린 여자를 사랑한다는 이유만으로, 한참 어린 노랑머리 청년에게 모욕을 당합니다. 그리고 그 노랑머리 역시 당신에게 '줄임말'을 합니다.

　"내 눈에는요, 이 노친네야. 당신, 지금 썩은 관처럼 보여. 충공이야. 충격과 공포! 그 얼굴로 고딩이를 넘봐? 씨팔, 이거 토 나오네, 토!"

　최고의 시인인 당신이, 평생 존경받으며 살아온 당신이 왜 이런 모욕을 당해야 할까요? 늙었다는 것이, 늙어서 쉰두 살 어린 여자아이를 사랑한다는 것이 그렇게 비난과 모멸을 받아야 할 일인가요? 게다가 위대한 시인인 당신이, 언어의 연금술사인 당신이 왜 '요즘 말'을 못 알아듣는다고 모욕을 당해야 하나요?
　충공, 당신은 당연히 '충격과 공포'를 뜻하는 이 말을 모르겠죠. 시인인 당신은 이런 폭력적인 줄임말들을 심각한 언어훼손이라고 걱정할 것입니다. 하지만 그건 당신의 걱정일 뿐이고, 은교 또래의 젊은이들 사이에서 당신은 요즘 말을 못 알아듣는 늙은이로, 〈개콘〉을 봐도 전혀 웃지 못하는 딱한 노인네로, 혼자 어려운 책이나 읽는 꼰대로 존재할 뿐입니다.

당신은 얼마나 외로웠을까요?

어린 연인과 분위기 좋은 레스토랑에서 근사한 식사 한번 하고 싶어도 당신은 갈 수 있는 데가 없습니다. 돈이 있어도, 메뉴 전부를 다 시키고도 남을, 레스토랑 전체를 사버리고도 남을 돈이 있어도 당신은 레스토랑에 들어가지를 못합니다. 늙은 당신이 '물'을 흐리기 때문입니다. 그래서 당신은 어쩔 수 없이 어린 연인을 데리고 감자탕집에 갑니다. 은교는 환하게 웃으며 감자탕을 좋아한다고 말합니다.

그런데 여기서 또, 당신의 기분을 망쳐버리는 일이 생깁니다. 당신이 새로 사준 어린 연인의 옷에 뒷좌석 젊은이가 감자탕을 쏟아버린 거죠. 은교의 새 옷에 시뻘건 감자탕국물이 스며듭니다. 깊은 절망과 모멸을 느낀 당신은 독백합니다.

> 그애와 촛불이 켜진 카페에서 마주 앉아 와인으로 건배를 하면서 저녁 한때를 보내고 싶은 꿈이 그렇게 용서받을 수 없는 꿈이던가. 감미로운 발라드를 한 곡쯤 백 뮤직으로 거느리고 그애의 맑은 눈을 들여다보면서, 낮에 있었던 일이며, 앞날의 희망이며, 그리운 사랑에 대해 조근조근 이야기를 나누는 꿈이 혁명보다 더 불온한 꿈이던가. 다 발라먹고 버린 탁자 위의 돼지뼈들이 늙은 나, 혹은 늙는 나의 꿈처럼 느껴졌다.

당신이 원한 것은 아주 소소한 일들이었습니다. 젊은이라면, 아니 연인과 나이만 얼추 비슷하다면 누구나 할 수 있는 일들. 그 소소한 일들을 당신은 할 수 없었습니다. 당신은 처절하게 외로웠습니다. 그리고 전 당신에게 깊은 연민을 느낍니다.

전 아직 젊습니다. 하지만 늙는다는 것이 너무나, 정말 너무나 무섭습니다. 두렵습니다. 전 셀카 찍는 것을 좋아합니다. 잘 나온 셀카를 보면 기분이 좋습니다. 하지만 요즘 자꾸 셀카를 찍는 것이 두렵습니다. 사진이 조금만 피곤해 보이거나 나이 들어 보이게 나오면 초조하고 불안합니다. 언제까지 예쁠 수 있을까? 부끄러운 고백이지만, 저는 이 생각에서 자유롭지 못합니다. 지하철이나 사람 많은 식당에서 나이 든 여자들을 보면, 무기처럼 지니고 있었을 아름다움을 포기한 듯한 퀭한 눈빛의 나이 든 여자들을 보면 저도 그렇게 될까 봐 무섭습니다.

그리고 요즘 말들을 알아듣지 못할까 봐, 더 이상 요즘 세대의 트렌드를 따라잡지 못하는 꼰대가 될까 봐 두렵습니다. 신입사원들이 하는 말을 이해하지 못할까 봐 걱정스럽습니다. "감사합니다~람쥐!"를 듣고 "얘야, 다람쥐가 뭐냐?" 하는 썰렁한 아저씨들처럼 될까 봐 겁이 납니다.

그래서 고백하건대, 저는 일요일 밤이면 조금은 강박적으로 〈개콘〉을 봅니다. 한때 너무도 좋아했던 프로그램이지만 요즘은 솔직히, 조금은 공부하는 마음으로 〈개콘〉을 봅니다. 최소한 유행어는 알아들어야 하니까요. 사람들과 대화할 때 섞어써야 하니까요. 남다른 유머감각으로 빵빵 터뜨려야 하니까요. 저는 아직, 아니 언제나, 남다른 감각으로 통통 튀는, 세련되고 재치있는 여자여야 하니까요.

당신을 위로하기 위해 이 편지를 쓰는 것은 아닙니다. 다만 당신에게 이 말을 하고 싶었습니다. 〈개콘〉을 봐도 웃기지 않은 건 당신뿐이 아니라는 걸요. 많은 사람이 그렇다는 걸요. 그래서 많은 사람이 누군가와 대화하면서 소외감을 느낀다는 걸요. 역설적으로 소외감을 느끼지 않으려고 〈개콘〉을 본다는 걸요. 요즘 애들이 쓰는 줄임말들, 하도 많아서 정작 애들도 잘 모른다는 걸요.

    은교는 당신에게 "앙영하세요, 할아부지!"라고 인사합니다. 혀가 짧아서가 아니라, 외계인의 어조를 흉내내는 거라고 합니다. 당신은 그 말이 귀여울지도, 외로울지도, 귀여우면서 외로울지도 모릅니다.
    저는 10대가 아니라 그런 말은 쓰지 않습니다. 저는 "안녕하세요, 시인님!"이라고 정중하게 인사할 것입니다. 그리고 당신에게 쌀쌀한 초겨울의 한 아담한 카페에서 따뜻한 글루바인을 한잔 대접하고 싶습니다. 당신과 도란도란 얘기를 나누고 싶습니다. 마침 눈이 내린다면 멋진 코트를 입은 당신의 팔짱을 끼고 눈 내리는 거리를 조금 걷는 것도 좋겠지요.
    그러니까 당신, 너무 외로워하지 마세요. 〈개콘〉이 웃기지 않은 건 당신뿐만이 아니니까요. 줄임말 따위 못 알아들어도 상관없어요. 당신의 어려운 시어를 세상 사람들이 알아듣지 못하는 것처럼요.
    편지를 마치며 마지막으로 줄임말을 하나만 더 알려드릴게요. 지못미, 당신을 지켜주지 못해 미안합니다. 너무 외로워 마시고 평안하세요. 그리고 다음 세상에서는 축복받는 사랑을 하시길.

내 옆에도
네 옆에도
하루키가 있어서
다행이야

2010년 8월, 서울 시내 대형 서점

매우 붐비는 토요일 오후의 서점. 베스트셀러 1위는 무라카미 하루키의 《1Q84》 3권. 문학 코너는 매대에 가득 쌓여 있는 《1Q84》를 보는 사람들로 대만원. 《1Q84》를 집어든 사람들의 대화.

대화1) 20대 후반 연인

여자   오빠, 나 이거 사줘. 1~2권은 읽었는데 3권을 아직 안 읽었어.

남자   야…… 이거 700페이지도 넘는데 언제 다 읽으려고?

여자   그래도 1~2권 읽었는데 마저 읽어야지. 이거 최고 베스트셀러잖아. 그리고 내용도 궁금해. 3권에서는 드디어 주인공들이 만나게 될지도 몰라.

남자   이거 뭐 달이 두 개 뜨고, 이상한 종교집단도 나오고, 내용 복잡하다며. 게다가 어렸을 때 손 한 번 잡았다고 20년이나 지났는데도 그리워하고 뭐 그런다며?

여자   (웃으며) 뭐야? 난 그게 더 애틋하고 멋있던데. 오빠도 읽

	어봐. 하루키 소설 은근 중독성 있어. 사줄 거지?
남자	나 같은 공돌이가 이런 두꺼운 소설을 언제 읽어? 그것도 세 권이나! 아무튼 사줄 테니까 나가자. 배고프다.

대화2) 30대 초반 여자 직장인

여자1	3권 읽었어?
여자2	아니, 아직. 재미있어?
여자1	그렇기도 하고 아닌 것 같기도 하고. 하루키는 하루키잖아. 일단 하루키 소설은 다 재미있으니까. 그런데…… 하루키 이제 좀 늙은 것 같아. 나이 들면 말 많아지는 것처럼, 왜 그렇게 설명이 길고 사변도 긴지. 게다가 이번 책은 인용까지 많아.
여자2	그치, 그치? 그래서 나도 3권을 읽을까 말까 망설이고 있었어. 설명조의 서술이 너무 많아. 무슨 철학특강도 아니고 비트겐슈타인, 융…… 이런 관념적이고 장황한 설명은 왜 하는지 모르겠어. 진짜 늙어서 그런 건가?
여자1	그럴지도…… 아오마메가 성적 흥분을 느끼는 남자 스타일도 숀 코너리처럼 머리가 빠지고 두상이 잘생긴, 나이 지긋한 중년 남자잖아.
여자2	맞아맞아! 근데 그런 스타일은…… 하루키 본인 아냐? 그러니까…… 중년 남자로서 하루키의 판타지?

2010년 8월, 광화문의 한 호프집

퇴근 후 한잔하는 직장인들로 붐비는 호프집. 여기저기서 "여기 500 두 잔 더요!", "여기 피처 하나 더요!" 하는 소리로 시끌시끌. 제일 안쪽 테이블에서 '치맥'을 먹고 있는 20~40대 남녀 직장인들의 대화.

여자 신입   과장님, 《1Q84》 읽으셨어요?

남자 과장   그럼, 내가 또 한 문학 하잖아. 학교 다닐 때 PC통신 하루키동호회 회장도 했다고, 하하!

남자 대리   몰랐어? 과장님 그 동호회에서 사모님 만나셨잖아.

여자 신입   (눈이 휘둥그레지며) 우와~ 진짜요? 넘 낭만적이에요.

남자 과장   그때 집사람 닉네임이 '미도리'였어. 뭐, 하루키로 만난 인연이지, 하하! 요즘 신입사원들도 하루키 좋아하나?

여자 신입   그럼요, 저희도 좋아해요. 저는 《1Q84》 예약주문해서 나오자마자 읽었어요.

남자 과장   그래? 어땠어?

여자 신입   너무 재미있었어요. 특히 아오마메 넘 멋있었어요. 그렇게 매력적인 킬러 캐릭터는 처음 봐요. 과장님은 어떠셨어요?

남자 과장   나도 1~2권은 재미있게 봤는데 3권은 좀 그렇더라고. 나는 그 종교집단 '선구'가 어떻게 되는지, 리틀피

	플의 정체가 도대체 뭔지…… 그런 게 궁금했는데, 3권은 너무 러브라인에만 초점이 맞춰져서…….
남자 대리	아, 도대체 무슨 얘기들을 하시는 거예요? 이거 뭐, 안 읽은 사람은 뭔 말인지 알아들을 수가 없잖아요. 전 처음에 제목이 '아이큐 84'인지 알았어요. 주인공 아이큐가 84라는 건가? 뭐, 그런 생각을 했죠. 하하!
여자 신입	아…… 대리님, 너무해요! '아이큐 84'가 뭐예요? 요즘 소개팅도 자주 하시는 것 같던데, 이 기회에 한번 읽어보세요. 요즘《1Q84》안 읽으면 대화가 안 된다니까요.
남자 대리	하긴…… 지난주에 소개팅을 했는데, 소개팅녀가 나한테 야나체크의 〈신포니에타〉들어봤냐고 물어보는 거야. 뭔 말인가 한참 생각했어. 도대체《1Q84》가 얼마나 인기면, 드라마도 아니고 소설에 나오는 클래식 음악까지 덩달아 뜨는 거야?

2010년 8월,《1Q84》3권을 읽고 끄적거린 나의 잡문

　　인간은 고독하다. 하루키의 모든 소설은 이 명제를 전제로 한다. 하루키의 소설에서 고독은 불면증이나 우울증처럼 물리치거나 약을 먹어서라도 치료해야 하는 대상이 아니라, 인간의 본질이다. 즉, '인간은 고독하다'는 명제는 '인간은 포유류다' 또는 '인간은 척추동물이다'

와 같은, 의심의 여지가 없는 인간의 특성이다. 그리고 하루키는 인간의 고독을, 그 깊은 고독의 심연을 이 세상 어떤 작가보다 밀도있게 보여준다.

《1Q84》에 등장하는 모든 인물은 고독하다. 주인공 아오마메와 덴고는 특수한 가정환경으로 인해 또래의 다른 아이들처럼 평범하게 자라지 못했다. 여자 주인공 아오마메의 엄마는 주류사회에서 이단으로 분류되는 '증인회'라는 신흥종교의 열혈신자로, 열 살밖에 안 된 어린 딸을 데리고 선교를 다닌다. 엄마 손에 이끌린 아오마메는 낯모르는 이들의 집 앞에 서서 혐오와 경멸로 가득 찬 눈길을 감내해야 했다. 학교에 가서는 도시락을 먹기 전에 길고 긴 기도문을 큰 소리로 외워야 했고, 수많은 종교적 제약 때문에 또래 아이들과 어울리지 못하고 따돌림을 당했다.

혼자인 아오마메가 아이들에게 놀림을 당할 때, 아오마메를 도와준 유일한 아이가 남자 주인공 덴고다. NHK 시청료 수금원인 덴고의 아버지는 어린 아들을 앞장세우고 수금을 하러 다닌다. 어린아이 앞에서는 막말을 하거나 큰 소리를 내지 않는 사람들의 심리를 이용한 비열하고 가혹한 처세다. 부모의 강요에 의해 어린 나이에 혐오와 경멸의 눈길에 무방비로 노출된 건 덴고도 마찬가지였다.

자신을 도와준 덴고에게 고마움을 느낀 아오마메는 덴고의 손을 꼭 잡는다. 그리고 그들은, 그후로 한 번도 만난 적이 없음에도 불구하고 20년이 지나서도 서로를 잊지 못한다.

밤하늘에 두 개의 달이 뜨는《1Q84》의 세계처럼,《1Q84》에 대한 수많은 이견이 있지만, 난 이 소설을 사랑과 연대에 대한 이야기로 읽는다. 아오마메와 덴고, 상처입은 두 아이가 서로의 손을 꼭 잡듯이, 섬처럼 고독하고 고립된 개인들이 서로 사랑하고 연대하는 이야기.

누군가를 사랑한다는 건 어쩌면 그 누군가의 고독과 고통, 절망과 자괴감을 이해하고 손을 내미는 일인 것 같다. 아무리 사랑해도 대신 아파줄 수 없듯이, 타인의 고독과 고통을 대신 짊어질 수는 없지만, 떨리는 손을 꼭 잡아주는 것, 소리없이 터져나오는 비명을 듣고 보듬어주는 것, 이 사막 같은 세상의 모래알처럼 혼자 부유할 때 가만가만 옆에 있어주는 것.

부끄러운 이야기지만, 나는 한때 남자에게서 그러니까 연애를 통해서 '구원'을 받으려 했다. 나의 고독과 고통, 절망과 두려움을 모두 연인의 등에 내려놓고 업혀가려 했다. 끊임없이 징징대고 투덜거리고 어리광을 부렸다. 척척 알아서 달래주지 않으면, 버릇없는 아이처럼 생떼를 썼다. 그가 나를 더 사랑하니까, 난 여자니까, 그는 여자를 보호해야 하는 남자니까…… 그러는 게 당연하다고 생각했다.

지금 와서 생각하면 정말, 미안하다. 나의 연인은 얼마나 힘들었을까? 얼마나 외로웠을까? 그때의 나는, 내가 고독한 만큼 그도 고독하다는 걸 몰랐던 걸까, 모르는 척했던 걸까? 그에게 나의 모든 무게를 실어 기대는 대신, 그의 손을 잡고 함께 걸었어야 했다. 인간은 누구나, 고독하다. 그리고 누구나, 다른 누군가의 손길을 필요로 한다. 내가 울고 싶었을 때, 그도 울고 싶었을 거다. 울지 않는다고 해서, 울음을 참고 있다고 해서 아프지 않은 건 아니다.

《1Q84》 3권에서 아오마메와 덴고는 오랜 기다림과 고통의 시간 끝에, 20년 만에 다시 만난다. 그들이 다시 잡은 두 손을 놓지 않기를, 그렇게 손을 맞잡고 함께 걸을 수 있기를 바란다. 그리고 나도, 누군가의 손을 잡고 함께 걸을 수 있기를.

못 이룬
꿈이 있으니
카프카도
우리 편이야

1

"가장 더운 나라가 어디였어?"

바람 한 줄기 없는 한낮의 오후, 긴팔 슈트까지 입은 채로 땡볕을 견디며 걷다가 친구가 물었다. 난 잠시 몇몇 나라를 떠올리다가 대답했다.

"이스라엘. 사막의 태양이 얼마나 무서운지 알아? 긴팔을 입어도 그 뜨거운 열기가 옷을 뚫고 맨살에 닿을 것 같아. 이스라엘에서 괜히 태양광산업이 발달한 게 아니라니까. 태양이 내뿜는 열기가 진짜 상상을 초월하게 강해. 참, 나 이스라엘 갔다가 동물원 아닌 데서 낙타도 처음 봤어."

"그래? 너 이스라엘도 가봤구나! 더운 거 말고는 뭐가 제일 인상적이었어?"

"음…… 말하는 사람마다 너무나 다른 히브리어 억양. 히브리어를 알아듣지는 못하지만…… 너도 들으면 딱 알 거야. 〈미수다(미녀들의 수다)〉 보면 다들 우리말로 얘기하는데 억양은 너무나 다르잖아. 그래서 화면 안 보고 듣기만 해도 지금 말하는 사람이 어느 나라에서 왔겠구나, 알 수 있잖아. 그런 것처럼 이스라엘에서는 다들 히브리어로 얘기하는데, 억양은 너무나 다른 거야. 프랑스에서 이주한 사람은 프랑스어 억양으로, 폴란드에서 이주한 사람은 폴란드어랑 이디시어가 짬뽕된 억양으로, 아일랜드에서 이주한 사람은 아일랜드어 억양으로…….”

 “팔레스타인에서 영국군이 철수하고 이스라엘이 건국된 게 1948년이었나?”

 “오, 연도도 외우네! 2차대전 직전부터 유럽 전역에 흩어져 살던 유대인들의 팔레스타인 이주가 급증했어. 1948년에 이스라엘이 건국되고 나서는 본격적으로 세계 각지의 유대인들이 이주했고. 이스라엘의 역사를 이주민의 역사라고도 하잖아. 그러니 억양이 다들 얼마나 다르겠어? 서로 알아듣는다는 것 자체가 신기할 정도야.”

2

 2009년 6월, 이스라엘의 한 산업도시. 공장을 보여주겠다는 구매 담당자의 호의로 사막 한가운데 우뚝 솟은 기적 같은 공장을 안전모를 쓰고 돌아다녔다(화학공장은 실내가 아니라 거대한 옥외공장이다). 자외선 차단 지수가 제일 높은 선크림을 가부키 배우처럼 두껍게 발랐는데도, 무섭게 작열하는 사막의 태양은 선크림 따위를 조롱하듯 얼굴에 그대로 내리꽂혔다.

 어질어질, 심하게 어지러웠다. 더위에 현기증이 온 것 같았다. 중요한 고객사의 공장 견학이기에 꿋꿋이 버텼지만, 조금만 더 더웠다면 병든 병아리처럼 힘없이 주저앉았을지도 모른다.

 미팅과 공장 견학이 모두 끝나고는 텔아비브 해안에 있는 근사한 레스토랑에서 저녁을 먹었다. 싱싱한 해산물에 곁들여 이스라엘 와인도 마셨다. 옆 테이블에서는 프랑스어 억양의 히브리어가, 앞 테이블에서는 독일어 억양의 히브리어가 들렸다. 그리고 우리 테이블의 친절한 유대인 친구들은 나를 위해 영어로 얘기했다. 커다란 레스토랑의 웅성거림은 세상의 온갖 언어가 마구 뒤섞여 빚어내는 거대한 오케스트라의 합주 같았다.

문득, 카프카가 생각났다. 카프카에겐 꿈이 있었다. 팔레스타인으로 이주해서 바로 여기, 텔아비브에서 연인과 함께 작은 레스토랑을 하는 꿈. 그가 폐결핵으로 일찍 죽지 않고 팔레스타인으로 이주했다면, 연인 도라와 함께 작은 레스토랑을 열었다면, 그는 강한 독일어 억양의 히브리어로 주문을 받았을 것이다.

3

프란츠 카프카(Franz Kafka, 1883~1924)는 유대인이다. 프라하의 독일어를 쓰는 유대인 가정에서 태어났다. 독일어로 교육받았고, 독일어로 글을 썼다. 카프카가 히브리어를 배우기 시작한 건 1921년. 그의 나이 38세였고, 짧은 생을 마치기 3년 전이었다.

카프카는 유럽 전역에서 각기 다른 언어를 쓰며 흩어져 살던 유대인들이 집결하는 팔레스타인으로 연인과 함께 이주할 계획이었지만, 끝내 떠나지 못했다. 많은 유작을 남긴 채 41세에 폐결핵으로 눈을 감은 그는 절친한 유대인 친구이자 출판대리인 막스 브로트에게 유서를 남겼다. 유작은 모두 태워달라고.

하지만 막스 브로트는 카프카의 유언을 무시한 채, 그의 미발표 유작들을 출판했다. 카프카가 죽고 나서 3년 동안 세 편의 장편소설이 해마다 출판됐다. 《소송》(원제 : Der Prozeß)은 1925년에, 《성》(원제 : Das Schloß)은 1926년에, 《아메리카》(원제 : Amerika)는 1927년에. 그리고 카프카는, 죽고 나서 유명해졌다.

막스 브로트에겐 카프카의 수많은 미발표 유작과 습작노트, 편지가 있었다. 1939년, 나치가 프라하를 봉쇄하기 직전, 막스 브로트는 마지막 기차를 타고 프라하를 탈출해서 팔레스타인으로 이주했다. 덕분에 카프카의 유작들도 함께 팔레스타인으로 이주했다. 이후 막스 브로트는 지속적으로 카프카의 유작들을 출판했음에도 불구하고, 카프카의 습작과 일기, 편지 등 여전히 많은 유고를 미발표상태로 남긴 채 1968년 사망했다.

카프카의 유고들은 막스 브로트가 남긴 유산이 되었고, 그의 유산은 생전에 남긴 유언장에 의해 그의 오랜 비서이자 애인이었던 이스라엘 여자 에스터 호페(Esther Hoffe)에게 상속되었다.

4

카프카와 아무런 혈연관계가 없음에도 그의 유작들을 상속받은 에스터 호페는, 1988년 카프카의 친필원고 《소송》을 경매에 넘겼다. 20세기 문학의 가장 위대한 작품 중 하나로 평가받는 《소송》은 200만 달러에 낙찰되었다. 경매의 승자는 독일에 있는 독일 기관인 독일문학 아카이브(German Literature Archive).

팔레스타인으로 이주하려 했으나 폐결핵으로 끝내 떠나지 못한 채 죽었고, 세 여동생은 모두 아우슈비츠에서 집단살육당한 유대인 작가 카프카의 가장 뛰어난 작품《소송》, 그 친필원고는 아이로니컬하게도 다시 독일로 이주했다. 이스라엘 문학인들은 분노했다. 어떻게 유대인 카프카의 가족들을 학살한 독일이 카프카의 작품을 소유할 수 있느냐고. 하지만 카프카의 유고를 경매에 넘긴 건, 이스라엘 여자 에스터 호페였다.

에스터 호페는 2007년 101세의 나이로 사망했다. 그녀는 또다시, 카프카의 유고들을 70대의 두 딸에게 유산으로 남겼다. 하지만 이번에는, 이스라엘 국립도서관이 제동을 걸었다. 카프카의 유고는 개인이 아닌 국가에 귀속되어야 한다고. 그리고 그들은 지금도 여전히 '소송'중이다.

70대의 두 딸이 승소한다면, 그들이 원하는 대로 카프카의 유고들은 독일문학아카이브에 판매될 것이며, 두 할머니는 풍요로운 노후를 보낼 것이다. 이스라엘 국립도서관이 승소한다면, 20세기 가장 위대한 '독일 문학'이라고 불리는 카프카의 작품들은 이스라엘 국립도서관에 영구보관될 것이다.

카프카가 남긴 유고들의 최종 종착지가 독일이 될지, 이스라엘이 될지는 아직 알 수 없다. 그들은 아직 '소송'중이므로.

5

학교 다닐 때 공부는 안 했지만, 아무튼 나는 독문학과를 나왔다.

어느 독문학과에서나 독문학 강독 시간에 카프카의 작품들을 배운다. 카프카가 유대인이라는 것도 알았고 그의 생에 대해서도 꽤 자세하게 배웠지만, 이스라엘에 가보기 전에는 카프카의 삶을 한 번도 그렇게 구체적으로 상상해본 적이 없었다. 강한 독일어 억양의 히브리어를 들어보기 전에는.

카프카의 모국어(母國語)는 독일어일까, 히브리어일까? 유대인으로 당시 오스트리아-헝가리제국이었던 프라하의 독일어를 쓰는 가정에서 태어나(당시 프라하에서는 독일어와 체코어가 함께 쓰였다), 독일어로 교육받고 독일어로 글을 쓰다가 뒤늦게 히브리어를 배웠으나 끝내 팔레스타인으로 떠나지 못하고 죽은 카프카에게 모국(母國)이라고 부를 수 있는 나라는 어디일까?

이스라엘에서 참, 미안했다. 막연한 죄책감 같은 것이 들었다. 나도 가보는 텔아비브에 카프카는 끝내 가보지 못하고 죽었다는 것이, 독문학과 나왔다고 카프카를 좀 아는 것처럼 떠들고 다녔다는 것이, 아직도 정착하지 못하고 이리저리 표류하고 있는 카프카가 남긴 유작들의 기막힌 현재가, 자신이 창조한《소송》의 주인공 요제프 K처럼 죽어서도 편히 쉬지 못하고 언제 끝날지 모르는 소송에 휘말린 카프카의 운명이 참, 안타까웠다.

텔아비브의 근사한 레스토랑에서 모던한 라운지뮤직을 들으며, 온갖 나라의 억양으로 말하는 잘 차려입은 세련된 유대인들을 둘러보며, 사막의 태양이 만들어낸 이스라엘 와인을 마시며, 나는 상상했다. 카프카가 팔레스타인으로 이주했다면, 연인 도라와 함께 텔아비브에서 작은 레스토랑을 했다면, 아들딸 낳고 오래오래 행복하게 살았다면, 만약 그랬다면, 이 근사한 레스토랑의 주인이 카프카 3세일 수도 있지 않을까.

※단락 3~4는 Elif Batuman이 쓴 "Kafka's Last Trial"(2010. 9. 22., *New York Times Magazine*)을 참조했다.

매일매일이
차라리
만우절이었으면,
하는 날들이 있어

1

중고등학교 때, 만우절이 되면 유치하고 의례적인 장난을 많이 했다. 다른 반이랑 교실이나 수업을 바꾼다거나, 액자를 모두 거꾸로 걸어둔다거나, 국어시간에 모두 영어교과서를 펴놓고 앉아 있는다거나 하는…… 그다지 놀라울 것도 새로운 것도 없는, 매년 되풀이되는 장난. 만성이 된 선생님들은 어린 학생들이 실망하지 않도록 화들짝 놀라는 척해주거나, 살짝 혼을 내고 넘어갔다.

하지만 고등학교 1학년 때의 만우절은 달랐다. 한 교사가 다른 반이랑 수업을 바꿨다는 이유로 그 반 반장을 때렸다. 그것도 손바닥이나 종아리가 아니라 귀싸대기를 날려주신 덕분에 열일곱 살 여자아이의 고막이 파열됐다. 끔찍한 만우절이었다. '사랑의 매'라는 말처럼 가증스러운 말이 없다. 그후로 난 만우절을 좋아하지 않게 되었다.

2

장궈룽(張國榮)을 매우 좋아했다. 뭐라 딱 꼬집어 설명할 수 없는 끌림 같은 게 있었다. 씨익 웃는 미소 뒤로 느껴지는 뭔가 기질적인 우울 또는 고질적인 외로움, 살짝 말라 보이면서도 다부진 몸, 허스키하고 섹시한 목소리…… 장궈룽의 매력은 치명적인 것이었다.

특히 대학시절, 장궈룽과 우첸렌(吳倩蓮)이 같이 나온 〈야반가성〉을 좋아했다. 그 영화에서 장궈룽은 정말, 화재로 얼굴 반쪽이 다 타서 일그러져도 멋있었다. 탁월하게 잘생긴 남자는 어떻게 해도 멋있다는 걸 그때 알았다. 그 영화를 보고 또 봤다. 그땐 DVD도 아니고 비디오였는데, 비디오가게 아저씨가 몇 번이나 물어보곤 했다. "이거 지난번에 빌려갔던 건데 또 빌려가?"

허스키하면서도 섹시한, 그러면서 스위트하기까지 한 장궈룽의 목소리를 좋아해서 그의 음반들도 많이 들었다. 특히 〈풍월〉 OST를 자주 들었다. 엔딩곡(A Thousand Dreams of You)의 감미로운 재즈 선율과 가슴 뛰는 가사(All things we planed doing together! Yes, doing together!), 속삭이는 듯한 만져질 것 같은 목소리…… 장궈룽 같은 남자가 나를 바라보며 이런 노래를 불러주는 근사한 상상을 하며 공원을 달리면 거짓말처럼 행복했다. 정말 거짓말처럼.

아직도 가끔, 장궈룽에 대한 애틋한 기억으로 '투유(To You)'라는 초콜릿을 사곤 한다. 그가 직접 부른 노래가 배경음악으로 흐르고, 초콜릿 속에서 '영원히 기억하겠어요'란 쪽지를 발견한 장궈룽이 빗속에서 차를 내리치는 CF의 한 장면을 아직도 잊지 못한다. 이 한 문장의 카피가 세뇌되듯 머릿속에 박혀버렸다. '사랑을 전할 땐 투유 초콜릿.'

3

"장궈룽이 죽었다고?"

2003년 4월 1일 밤, 한잔하고 있는데 친구에게 전화가 왔다. 난 몇 번이나 다시 물었다.

"아니지? 거짓말이지?"

아무리 만우절이라지만 너무 심한 거짓말이었다. 게다가 하나도 웃기지도 않은. 그런데…… 거짓말이 아니었다. 〈아비정전〉에서 아비(장궈룽)가 했던 독백처럼, 장궈룽은 홍콩의 한 호텔 24층에서 지상으로 낙하했다.

발 없는 새가 살았다. 이 새는 나는 것 외에는 알지 못했다. 새는 날다가 지치면 바람에 몸을 맡기고 잠이 들었다. 이 새가 땅에 몸이 닿는 날은 생애에 단 하루, 그 새가 죽는 날이다.

당시 홍콩은 사스(SARS, 중증 급성 호흡기 증후군)의 진원지였다. 사스는 빠른 속도로 전파되어 전세계 37개국에서 8,422명이 감염되었고 916명이 사망했다. 사스의 공포 속에 사람들은 하얀 마스크를 하고 다녔다. 장궈룽의 장례식에 참석한 수많은 사람은 검은 상복에 하얀 마스크를 한 채 오열했다. 모든 것이 거짓말 같았다. 그후로 난 만우절이 되면 습관적으로 우울해진다.

4

김경욱의 단편 〈장국영이 죽었다고?〉는 장궈룽의 죽음을 소재로 한 소설이다. 아버지의 파산으로 빚에 몰려 이혼을 하고 실직자가 된 주인공은 PC방에서 '이혼녀'라는 닉네임의 여자랑 채팅을 하다가 장궈룽이 죽었다는 소식을 듣게 된다.

채팅방에서 만난 생면부지의 남녀는 믿기지 않는 장궈룽의 죽음을 화제로 제법 긴 대화를 하게 되고, 〈아비정전〉을 상영했던 극장 앞에서 검은 상복에 하얀 마스크 차림으로 만나자는 여자의 제안에 주인공은 극장으로 향한다. 하지만 '이혼녀'를 찾을 수 없다. 검은 상복 차림의 여자가 극장 앞에 나타나지 않아서가 아니라, 그런 차림의 여자가 너무 많아서.

매표소 전광판의 디지털시계가 아홉 시 정각을 표시했을 때였다. 나와 같은 차림을 한 사람들이 하나 둘 매표소 앞으로 모여들었다. 극장 앞의 신호등을 건너오는 사람들 틈에 검은 양복을 입고 마스크를 착용한 남자 둘이 보였다. 얼굴의 대부분을 가리고 있는 마스크가 아니었다면 추심원으로 착각했을지도 모른다. 그들은 복제된 것처럼 비슷해 보임으로써 오히려 군중들 속에서 두드러졌다. 극장의 1층 로비에서도 검은색 원피스를 입은 여자가 천천히 걸어나왔다. 마스크에 가려진 여자의 표정을 읽을 수 없었다. 읽히지 않는 여자의 표정에 나는 안도했다. 검은 정장을 입고 마스크를 쓴 사람들이 소리 없이 순식간에 매표소 앞에 집결했다.

(……)

잠시 후 쪽지가 돌았다. 쪽지는 손에 손을 거쳐 순식간에 옮겨졌다. 사람들은 쪽지에 적힌 내용에 따라 매표소 앞에 한 줄로 길게 늘어섰다.

가던 길을 멈추고 이쪽을 지켜보는 행인들이 늘어났다. 영화표를 구하기 위해 줄을 선 것으로 보일 수도 있었을 것이다. 그러나 검은 정장을 입고 마스크를 쓴 사람들은 표를 사지 않고 서둘러 극장 주위를 벗어나 군중 속으로 하나 둘 사라졌다. 그들은 줄을 서서 기다리다 정작 매표소 앞까지 오면 아무 일도 없었다는 듯 뿔뿔이 흩어졌다. 실제로 그곳에서는 아무 일도 일어나지 않았다.

그들은 오랜 연습으로 단련된 단역 배우처럼 자신에게 주어진 역할을 흠잡을 데 없이 완벽하게 소화하고 사라졌다.

요즘엔 플래시몹(flash mob)이 흔하지만, 2005년 이 소설을 처음 읽었을 땐 검은 정장을 입고 극장 매표소 앞에 늘어선 플래시몹이 매우 신선한 충격이었다. 만약에 이런 플래시몹을 정말 했다면(어디선가 했을 수도 있지만), 장궈룽의 오랜 팬으로서 나도 참가했을지 모른다. 플래시몹도 어차피, 거짓말이다. 좋은 말로 설정이고, 일상용어로 '짜고 치는 고스톱'이다. 장궈룽의 거짓말 같은, 아직도 믿기지 않는 죽음을 이런 영화 속 한 장면 같은 플래시몹으로 추모하는 게 마음에 든다. 일렬로 서서 다함께 묵념을 하는 것보다 훨씬.

아마도 '발 없는 새'처럼 훌쩍 떠난 장궈룽은 팬들이 슬퍼하거나 통곡하는 걸 원치 않을 것이다. 그보다는 〈아비정전〉의 아비처럼 경쾌하고 우스꽝스럽게 맘보춤을 추는 게 좋을 것 같다.

5

　만우절이 되면 썰렁한 거짓말이나 안 웃기는 농담을 하는 대신 난 검은색 슈트를 입는다. 원래 블랙 슈트가 많긴 하지만, 만우절이 되면 일부러 챙겨입는다. 그리고 단골 바에서 얼음을 넣은 위스키를 한 잔 마신다. 장궈룽의 목소리로 영화 〈풍월〉의 엔딩곡을 들으며. 아마도 그의 노래 중에 제일 경쾌하고 사랑스러운 곡 같다.

　올해(2012) 만우절은 일요일이었다. 일요일 밤의 바는 한산하고 조용했다. 난 바의 사장 겸 바텐더와 소소한 얘기를 주고받으며 얼음 넣은 위스키를 마셨다. 얼마 전 도쿄에서 사온 앨범들에 대해 얘기하던 사장 겸 바텐더가 뜬금없이 말했다.

　"수선 씨, 수선 씨는…… 그냥 단골이 아니라 패밀리야, 가족! 그거 알지?"

　다소 오글거리는 말에 저녁으로 먹은 크림파스타의 느끼함이 뒤늦게 느껴져 콜라를 한 잔 달라고 해서 쭈욱 들이켰다.

　"수선 씨, 우리 오랫동안 알아왔고 음악 취향도 비슷하고 술도 좋아하고 둘 다 싱글이고. 우리 그냥, 진짜 가족이 되는 게 어때?"

　순간, 뭐라고 대답해야 할지 몰라 짧은 경기를 일으켰으나…… 이내 그게 다 '만우절' 때문이라는 걸 깨달았다.

　역시 난, 만우절을 좋아하지 않는다.

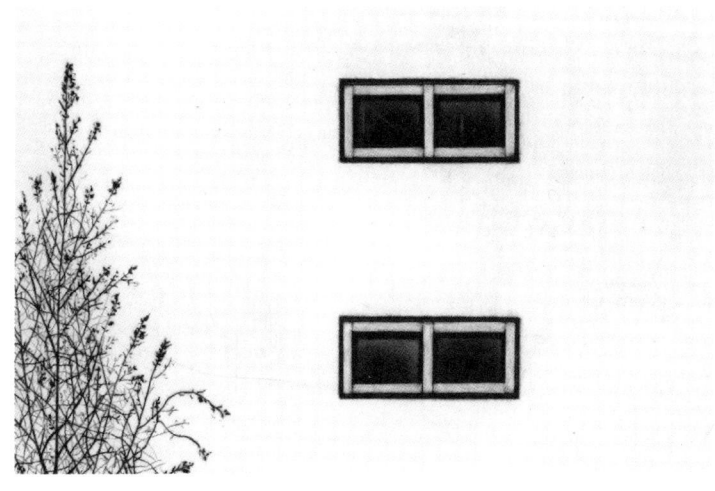

혼자인 내가 함께한 소설들

《펭귄뉴스》〈에스키모, 여기가 끝이야〉 김중혁 지음 | 문학과지성사

《대성당》〈깃털들〉 레이먼드 카버 지음 | 김연수 옮김 | 문학동네

《체호프 단편선》〈관리의 죽음〉 안톤 체호프 지음 | 박현섭 옮김 | 민음사

《무진기행》 김승옥 지음 | 범우사

《갈팡질팡하다가 내 이럴 줄 알았지》 이기호 지음 | 문학동네

《심야식당》 아베 야로 지음 | 대원사

《어린 왕자》 생텍쥐페리 지음 | 김화영 옮김 | 문학동네

《카스테라》〈갑을고시원 체류기〉 박민규 지음 | 문학동네

《나는 그녀를 사랑했네》 안나 가발다 지음 | 이세욱 옮김 | 문학세계사

《2006 이상문학상 작품집》〈밤이여, 나뉘어라〉 정미경 외 지음 | 문학사상

《자전소설》〈이별전후사의 재인식〉 김도연 외 지음 | 강

《아담이 눈뜰 때》 장정일 지음 | 미학사

《오 헨리 단편선》〈마지막 잎새〉 오 헨리 지음 | 이성호 옮김 | 문예출판사

《이상 전집 1》〈봉별기〉 이상 지음 | 가람기획

《창작과비평 153》〈쿨한 여자〉 최민석 지음 | 창비

《피츠제럴드 단편선 1》〈비행기를 갈아타기 전 세 시간〉 F. 스콧 피츠제럴드 지음 | 김욱동 옮김 | 민음사

《페널티킥 앞에 선 골키퍼의 불안》 페터 한트케 지음 | 윤용호 옮김 | 민음사

《나는 유령작가입니다》〈다시 한달을 가서 설산을 넘으면〉 김연수 지음 | 창비

《촐라체》 박범신 지음 | 푸른숲

《어젯밤》 제임스 설터 지음 | 박상미 옮김 | 마음산책

《순정》 성석제 지음 | 문학동네

《세상의 중심에서 사랑을 외치다》 가타야마 교이치 지음 | 안중식 옮김 | 지식여행

《장미도둑》 〈히나마츠리〉 아사다 지로 지음 | 양윤옥 옮김 | 문학동네

《맛》 〈목사의 기쁨〉 로알드 달 지음 | 정영목 옮김 | 강

《2009 황순원 문학상 수상작품집》 〈너의 여름은 어떠니〉 김애란 외 지음 | 중앙books

《고백의 제왕》 〈변희봉〉 이장욱 지음 | 창비

《새들은 페루에 가서 죽다》 〈어떤 휴머니스트〉 로맹 가리 지음 | 김난주 옮김 | 문학동네

《너의 목소리가 들려》 김영하 지음 | 문학동네

《모파상 단편선》 〈보석〉 기 드 모파상 지음 | 김동현, 김사행 옮김 | 문예출판사

《은교》 박범신 지음 | 문학동네

《1Q84 1, 2, 3》 무라카미 하루키 지음 | 양윤옥 옮김 | 문학동네

《소송》 프란츠 카프카 지음 | 이주동 옮김 | 솔

《장국영이 죽었다고?》 김경욱 지음 | 문학과지성사

편집자 일러두기: 이 책에 인용된 소설은 원서의 표기를 따랐습니다.